This reader is graded to correspond with the Artes Latinae program.

Artes Latinae
LATIN
SELF-TEACHING

Lectiones Primae
Graded Reader, Level One

Waldo E. Sweet
and
Judith B. Moore

Bolchazy-Carducci Publishers, Inc.
(originally published by
Encyclopaedia Britannica Educational Corporation)

Consultant:

Grundy Steiner, PhD
Northwestern University

Judith B. Moore
Niles Senior High School
Niles, Michigan

Production:

Margaret L. Wood, Executive Editor

Judith N. Levi, Editor

Hedwig L. Jourdan, Production

Larry D. Bloyd, Designer

General Credits:

John T. Davis
Marilyn McCarty
John P. Nolan
Elizabeth Sweet

Helga Heaton
Thomas McCarty
Deborah Sweet
Holly Sweet

Cover Illustration:
Detail of frieze from *Ara Pacis Augustae,* Rome

Bolchazy-Carducci Publishers, Inc.
1000 Brown Street
Wauconda, IL 60084 USA
http://www.bolchazy.com

International Standard Book Number:
13: 978-0-86516-294-5
10: 0-86516-294-8

Printed in the United States of America
2006
by United Graphics, Inc.

Bolchazy-Carducci Publishers, Inc.
1000 Brown Street
Wauconda, IL 60084 USA
http://www.bolchazy.com

TABLE OF CONTENTS

INTRODUCTION

This reader has two main purposes. The first is to give you the fun of using the Latin you have learned. The second is to expose you to more examples of the structures you have mastered. New structures will be explained when they occur.

As an extra dividend, you will be learning numerous new words, many of which are not in the text you have been studying. If you are using this reader with *Artēs Latinae, Latin: Level One*, the vocabulary of *Lēctiōnēs Primae* will help you with subsequent readings in the course, and much of it will be re-entered and taught in *Latin: Level Two*. The more vocabulary you can recognize, the easier you will find subsequent Latin reading.

If on initial reading you are unable to determine the meaning of a reading selection, the English derivatives available at the end of each Unit may make the meaning clear. If, after looking at these derivatives, you still do not comprehend the meaning, refer to the vocabulary list at the end of the Unit. Finally, at the end of the book you will find a complete Vocabulary for *Lēctiōnēs Primae* and *Latin: Level One*, where the words are listed in traditional dictionary form.

In each Unit there are Latin selections taken from sources throughout many periods of written history: classical, medieval, and Renaissance times. When the exact source is known, the author or the work is given after the quotation.

The connected readings, which begin in Unit 11, were written for this reader. They include mythology, history, geography of the ancient world, physical features of the moon, and a few stories with modern settings.

One of the most exciting aspects of studying Latin is becoming aware of the different ways people think and behave. Some of these cultural differences are carefully explained when they occur in a reading selection. Some of the concepts will seem familiar because we inherited them from the Latin language and Roman culture, but others will be entirely strange.

Within each Unit, the readings vary in difficulty. It is not expected that many people will be able to do them all. Some selections may be suitable only for honor students in high school, others for college students. Look them over and read as many as you can.

UNIT 4

Sententiae[1]

There are more readings in each Unit than most people will be able to do. As a rule, the easier ones come earlier in the Unit. But always look through all the readings; there may well be some later on that you can do, and the more practice you get, the greater your skill at reading will become.

1 Līs lītem parit. Anonymous

2 Spem successus alit. Anonymous

3 Diēs dolōrem minuit. Burton

4 Necessitās nōn habet lēgem. St. Bernard (?)

5 Cucullus nōn facit monachum. Medieval

6 Fidēs facit fidem. Anonymous

7 Dītat Deus. Motto of Arizona

8 Prīncipātus virum ostendit. Aristotle (translation)

9 Vēritās. Motto of Harvard University

10 Stilus virum arguit. Anonymous

11 Senātus Populusque Rōmānus.

---

[1]This form is plural, like the title of this book, *Lēctiōnēs Primae.*

English Derivatives

Here are English derivatives to help with the meaning of the Latin words used in this Unit. The English derivative is not always the same part of speech as the Latin source word. For example, *parit* ("produces," "bears," or "begets") is a verb but the English "parent" (a "producer," "bearer" or "begetter" of children) is a noun.

The Latin part of each derivative is indicated by capital letters.

ALImentary	OSTENsible
ARGUe	PARent
FIDElity	POPULation
INDICATe	PRINCe
LEGal	PRINCIPATe
LITigation	SENATe
diMINish	STYLe
MONK	STYLUS
NECESSITy	SUCCESS
NONessential	

Vocabulary

Through Unit 9 the nominative and accusative of all nouns are given. Verbs are listed by the third person singular through Unit 23. In the general vocabulary at the end of the book, they are listed differently, and forms are used which have not yet appeared. If you wish to know what the forms are that appear in the general vocabulary, ask your teacher.

cucullus, cucullum: cowl, hood
dītat: makes rich
habet: has, knows
-que (added to end of word): and
spēs, spem: hope
stilus, stilum (variant spelling, *stylus*): pencil; writing, style

UNIT 5

Sententiae

1 Injūria solvit amōrem. Greek proverb (translation)

2 Amat victōria cūram. Anonymous

3 Facit indīgnātiō versum. Juvenal

4 Innocentia sēcūritātem affert. Quintus Curtius (?)

5 Experientia docet. Tacitus (adapted)

6 Philosophum nōn facit barba. Plutarch (translation)

7 Occāsiō facit fūrem. Medieval

8 Gutta cavat lapidem. Ovid

9 Fugit hōra. Persius

10 Impedit īra animum. Cato

11 Asinus asinum fricat. Anonymous

12 Nūdum latrō trānsmittit. Seneca

13 Rēgnat populus. Motto of Arkansas

English Derivatives

AMORous
ANIMUS
BARBer
exCAVATe
CURe
EXPERIENce
transFER
FRICAtive[1]
FUGItive
FURtive
HOuR
IMPEDe
INDIGNATIOn

INJURy
INNOCENce
IRe; IRAte
LAPIDary
NUDe
OCCASIOn
PHILOSOPHer
REGNAnt
SECURITy
disSOLVE
TRANSMIT
VERSe
VICTORy

Vocabulary

animus, animum: mind
fricat: rubs
fūr, fūrem: thief
impedit: hinders
latrō, latrōnem: robber
rēgnat: rules
solvit: destroys, loosens, absolves

---

[1]Phonetic term applied to consonants that are produced by air being forced through a narrow passage.

4

UNIT 6

Sententiae

1 Rēs pūblica virum docet. Plutarch (translation)

2 Sors aspera mōnstrat amīcum. Medieval

3 Tōtam hodiē Circus Rōmam capit. Juvenal
The most famous Circus in Rome was the Circus Maximus,
which was renovated many times and in its final enlarge-
ment was said to have held 385,000 people.

There were other Circuses as well. Before the construction
of amphitheaters, the gladiatorial games were held in the
Circuses. Later, they were used mainly for chariot races,
although other activities were also held there. In early
times there were only a few races per day, but the Emperor
Domitian shortened them so as to have as many as a
hundred races per day.

4 Semper fidēlis. Motto of U.S. Marine Corps

5 Vincit vēritās. Motto[1]

6 Volēns et potēns. Motto

7 Brevitās dēlectat. Medieval

8 Patiēns et fortis sē ipsum fēlicem facit. Publilius Syrus

9 Sermō mollis frangit īram. Medieval

10 Immodica īra gignit īnsāniam. Seneca

---

[1]We have not identified the mottoes by family or institution unless we thought this information
would be of interest.

English Derivatives

ASPERity

BREVITy

CIRCUS

DELECTAble

FELICIty

FORTItude

FRAGile

GeNerate

IMMODerate

INSANIty

MOLLIfy

deMONSTRATe

PATIENT

POTENT

REPUBLIC

ROMe

SERMOn

TOTal

VOLuntary

Vocabulary

amīcus, amīcum: friend

dēlectat: pleases, delights

frangit: removes, destroys

gignit: creates

hodiē: today

ipse, ipsum: see under *sē*

mollis, mollem: gentle

mōnstrat: shows

sē (accusative of pronoun referring to subject of sentence):
    himself, herself, itself, themselves. *Ipsum* is accusative of
    an intensifying word; therefore *sē ipsum* means, "Something
    happens to him himself."

sors, sortem: luck, fortune

vincit: conquers, defeats

UNIT 7

Sent2ntiae

1 Sōla fidēs sufficit. Anonymous

2 Umbram suam metuit. Quintus Cicero

3 Quaelibet vulpēs caudam suam laudat. Anonymous

4 Flōs ūnus nōn facit hortum. Medieval

5 Nōbilitat stultum vestis honesta virum. Medieval

6 Sapientem locuplētat ipsa Nātūra. Anonymous

7 Rīvālitātem nōn amat victōria. Publilius Syrus

8 Sōla pecūnia rēgnat. Petronius

9 Semper avārus eget. Horace

10 Pauperiem grandem vincit patientia tandem. Medieval

11 Minuit praesentia fāmam. Claudian

12 Sua quemque fraus, suus timor maximē vexat. Anonymous
Sua quemque fraus: each person's own deceit (does something to) himself.

English Derivatives

CAUDAl   HONEST
FAME   HORTiculture
FLORal   LAUDAtory
GRAND   NATURE

NOBILITy   Homo SAPIENS
PATIENce   STULTify
PECUNIAry   SUFFICIent
PRESENce   SUIcide
RIVALry   TANDEM (bicycle)[1]

Vocabulary

avārus, avārum: miser
eget: is in want
honesta, honestam: conferring honor on someone; good or fine
locuplētat: makes rich
pauperiēs, pauperiem: poverty
quaelibet, quamlibet: every
quisque, quemque: each one
sapiēns, sapientem: wise man
suus, suum & sua, suam: one's own (different forms of the
    same adjective; more will appear about this in Unit 13)
tandem: finally

---

[1]Humorously applied to a two-seated bicycle as a pun, since the second person "finally" appears.

UNIT 8

Sententiae

1 Ūna diēs aperit, cōnficit ūna diēs. Ausonius

2 Reus innocēns fortūnam, nōn testem, timet. Publilius Syrus

3 Homō locum ōrnat, nōn hominem locus. Medieval

4 Vānēscit absēns et novus intrat amor. Ovid

5 Lupus pilum mūtat, nōn mentem. Anonymous

6 Ibī semper est victōria ubī concordia est. Publilius Syrus

7 Mala dīgestiō, nūlla fēlicitās. Anonymous

8 Littera occīdit, spīritus autem vīvificat. New Testament
   The New Testament was written in Greek, the Old Testament in Hebrew.

9 Fortiter, fidēliter, fēliciter. Motto
   The {-ter} forms an adverb; *fortis* means "brave," while *fortiter* means "bravely."

10 Quis . . . bene cēlat amōrem? Ovid
   Bene is an adverb meaning "well," "successfully."

11 Deus vult. Battle cry of First Crusade

12 Ut pānis ventrem, sīc pāscit lēctiō mentem. Medieval

13 Timidus vocat sē cautum, avārus parcum. Anonymous

14 Rēx rēgnat sed nōn gubernat. Legal

15 Honōs honestum decōrat, inhonestum notat. Publilius Syrus

16 Jam frāter frātrem, jam fallit fīlia mātrem,
jamque pater nātum, jam fallit amīcus amīcum. Medieval

17 Homō prōpōnit sed Deus dispōnit. Thomas a Kempis (?)

18 Sūs Minervam. Cicero
Supply *docet.*

19 Ubī libertās, ibī patria. Anonymous

English Derivatives

ABSENT
conCEaL
homiCIDE
suiCIDE
CONCORD
DECORATE
DIGESTIOn
FALse
FILIAl
FRATERnity
GoVERNor
GUBERNAtorial
HONOR (*honor* is a variant
form of *honōs*)
LeTTER; LITERAture (there
were two spellings of
this in medieval times:
littera ànd *litera*)
LIBERTy
LOCate
MATERNal
MENTal

MUTAtion
NATal
NATive
preNATal
NOTe
NOVel
reNOVate
NULL and void
NULLIfy
adORN
PASture
PATERnal
PATRIotic
dePILatory
PROPONent
SPIRIT
TESTIfy
TIMid
UBIquitous
VANish
VENTRIloquist
reVIVIFy

Vocabulary

autem: however, moreover
bene (irregular adverb): well, successfully
cōnficit: completes, finishes, accomplishes

dispōnit: disposes
homō, hominem: human being, man (including men, women,
    and children)
ibī: there
intrat: enters
jam (a word indicating that the situation is changed from what
    it used to be): now
Minerva, Minervam: Latin name for Athena (Greek goddess
    of wisdom and craftsmanship)
ōrnat: adorns, decorates
pānis, pānem: bread
pāscit: feeds
reus, reum: defendant
rēx, rēgem: king
sīc: thus, so
-ter: adverbial ending
ubī: where, when
ut: as
vocat: calls, names, summons

UNIT 9

Sententiae

1 Ex auriculā asinum. Anonymous
Supply something like *oculus cognōscit.*

The *-ul-* part of *auricula* makes a "diminutive" of the word. In Latin, diminutives show small size, unimportance, affection, or contempt; thus *asellus* (diminutive of *asinus*) could mean "small donkey," "unimportant donkey," "dear little donkey," or "stupid donkey." There was a tendency in common speech, however, to use diminutives in place of simple words, so here *auricula* means nothing more than *auris.*

2 Latet anguis in herbā. Vergil

3 Palma nōn sine pulvere. Motto

4 Dē sōle caecus jūdicat. Anonymous

5 Prūdēns cum cūrā vīvit, stultus sine cūrā. Medieval

6 Victōria concordiā crēscit. Motto

7 Nēmō in amōre videt. Propertius

8 Spēs mea in Deō. Motto

9 Virtūte et operā. Motto

10 Concordiā, integritāte, industriā. Motto

11 Cōnstantiā et virtūte. Motto

12 Numquam ex malō patre bonus filius. Anonymous

13 Nūlla rēgula sine exceptiōne. Medieval

14 Ex concordiā fēlīcitās. Motto

15 Nūlla diēs sine lineā. Anonymous, referring to the artist
Apelles

16 In sōlō Deō salūs. Motto

17 Nēmō nisī suā culpā diū dolet. Anonymous

18 Flōs in pictūrā nōn est, nisī sōla figūra. Medieval

19 Ut fragilis glaciēs, interit īra morā. Ovid

20 In Venere semper dulcis est dēmentia. Publilius Syrus

English Derivatives

From now on we will not give obvious English derivatives.
For example, you should be able to figure out that *integritāte* is
the ablative form of *integritās* and that this is connected with
the English word "integrity." Also we will not give you the
meaning of quite so many of the new words. After you have
done what you can, look up the unknown words in the general
vocabulary at the end of the book.

inCREaSe	DEMENTed
CRESCent	DULCIfy
CULPAble	GLACIEr

13

HERB	REGULAr
HERBiverous	SALUTary
LINE	SALUTe
MORAtorium	SOLar
PALM	SOLitary
PULVERize	

Vocabulary

ā (preposition with ablative, variation of *ab*): from
anguis, anguem: snake
crēscit: grows, increases
cūra, cūram: care, attention
dē (preposition with ablative): down from, concerning, about
diū: long time
dulcis, dulcem: pleasant
ex (preposition with ablative): out of
interit: dies
jūdicat: judges
latet: hides
mea, meam: my
mora, moram: delay
nisī: if not, except
nūlla, nūllam: no, not any
opera, operam: labor
salūs, salūtem: health, safety, salvation
spēs, spem: hope
Venus, Venerem: goddess of love and beauty; used here for love itself
vīvit: lives

UNIT 10

Sententiae

1 Fidē et fortitudine. Motto

2 Vī et virtūte. Motto
The word *vis* is irregular and has the forms *vis, vim, vī.*

3 Scientia vēra cum fidē pūrā. Motto of Beloit College

4 Sub pulchrā speciē latitat dēceptiō saepe. Medieval

5 Ex ungue leōnem. Anonymous.
Supply something like *oculus cognōscit.*

unguis

6 Nec spē nec metū. Motto

7 Fraus sublimī rēgnat in aulā. Seneca

8 Ubī amor, ibī oculus. Burton

9 Virtūte fidēque. Motto

10 Nōn ūnō ictū arbor cadit. Medieval

11 Ubī bene, ibī patria. Anonymous

12 Inter dominum et servum nūlla amīcitia est. Curtius
   Some prepositions, like *inter*, take the accusative case,
   rather than the ablative.

13 Saepe potēns jūstum premit ut rapidus lupus agnum.
Anonymous

14 Claudus eget baculō, caecus duce, pauper amīcō. Medieval
   The object of most Latin verbs is in the accusative case;
   a *very* few verbs take their object in the ablative case.
   Eget is one of these. *Claudus eget baculō* means approximately the same thing as *Claudus vult baculum*, "The lame
   man needs a cane."

15 Alterā manū fert lapidem, pānem ostentat alterā. Plautus

English Derivatives

ALTERnate
ARBOR
ARBOReal
CADence
   (where the stress falls)
OSTENTAtious
SCIENce

SERVile
SPECIES (since one way to
   classify things is by
   appearance)
SUBLIME
VERify

Vocabulary

From now through Unit 21, you will be given the nominative
and *ablative* of nouns and adjectives. Until now, there seemed

to be no difference between *lupus, lupum* and *manus, manum,*
but now you know that the ablatives are *lupō* and *manū.* Therefore, we will list the new words as *lupus, lupō* and *manus, manū.*

altera, alterā: the other one of two
aula, aulā: palace
baculus, baculō: cane, stick
cadit: falls
claudus, claudō: lame; lame person
dux, duce: leader, guide
fert: holds, carries
fortitūdō, fortitūdine: courage, bravery
ictus, ictū: blow
inter (prep w acc): between
latitat: habitually hides, lurks
nec . . . nec: neither .·. . nor
pauper, paupere: poor man (but not like our "pauper")
rapidus, rapidō: rushing along, rapid; in poetry (as here),
    snatching at things, wild, cruel
speciēs, speciē: appearance
unguis, ungue: claw, nail
vīs, vī: strength, force

17

UNIT 11

From now on, each Unit will have connected readings. At first you will have considerable help from pictures, much in the style of comic strips.

Fābella

In the fifth century B.C. there was in existence a collection of fables said to have been written in Greek by a slave named Aesop who lived a century before. Eventually most fables were attributed to this legendary Aesop. The following story is adapted from "Aesop."

Vīpera Ingrāta

Agricola in agrō labōrat.

Ā labōre suō subitō dēsistit. Quem in terrā videt?

Misera vīpera! Frīgiditāte paene perit.

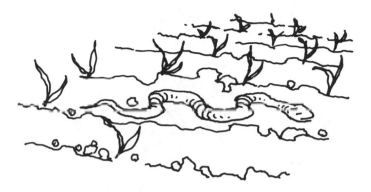

Agricola misericordiā movētur. Vīperam frīgidam ex terrā tollit et in sinū suō pōnit.

Jam vīpera calēscit et ex aegritūdine sē recipit.

Sed ingrāta prō benīgnitāte agricolam mordet.

Homō infēlix morsū necātur.

Quaestiōnēs

After each story you will be asked questions in Latin to test your comprehension. Some of the vocabulary used in the questions may be new to you, since it may have occurred in readings which you didn't do. If so, look up these words in the general vocabulary at the back of the book.

1 Quis benīgnitātem ostendit?
2 Ā quō anguis tollitur?
3 Quem vīpera mordet?
4 Quō anguis dolet?
5 Quem misericordia movet?

Sententiae

1 Ignis nōn extinguitur igne. Medieval

2 Amor tussisque nōn cēlātur. Anonymous

20

3 Trūditur diēs diē. Horace

4 Nūtrītur ventō, ventō rcstinguitur ignis. Ovid

5 Multitūdō nōn ratiōne dūcitur sed impetū. Anonymous

6 Amīcus in necessitāte probātur. Medieval

7 Crux stat dum volvitur orbis. Motto of Carthusian monks

8 Ūna quaeque arbor ex frūctū suō cognōscitur.
New Testament

9 Amphora sub veste numquam portātur honestē. Medieval

10 Nēmō laeditur nisī ā sē ipsō. Anonymous

11 Sapiēns ut sōl permanet; stultus autem ut lūna mūtātur.
Medieval

12 Antīquā veste pauper vestītur honestē. Medieval

13 Post jactūram quis nōn sapit? Anonymous

14 Dē fūmō ad flammam. Ammianus Marcellinus

15 Tūtus in mēnsā capitur angustā cibus. Seneca

16 Virtūs, vel in hoste, laudātur. Anonymous

17 Vulpēs nōn iterum capitur laqueō. Anonymous

laqueus

21

English Derivatives

EXTINGUIsh
FUMigate
HOSTile
LUNAr
NUTRIent
NUTRItious

exTRUDe
inTRUDe
proTRUDe
VENTilate
reVOLVe

Vocabulary

ad (prep w acc): towards, to
aegritūdō, aegritūdine: sickness, weakness
ager, agrō: field, farm
agricola, agricolā: farmer
amphora, amphorā: large vase for storing wine
angusta, angustā: narrow, small, poor, difficult
benīgnitās, benīgnitāte: kindness
calēscit: grows warm
cibus, cibō: food
crux, cruce: cross
dēsistit: ceases
dum (subordinating conj): while
fābella, fābellā: story
frīgiditās, frīgiditāte: cold
frūctus, frūctū: production, yield
hostis, hoste: enemy
impetus, impetū: impulse
infēlīx, infēlīcī: unhappy, unfortunate
ingrātus, ingrātō: ungrateful
iterum: again, a second time
jactūra, jactūrā: loss, misfortune
labōrat: works
laedit: harms
laqueus, laqueō: snare, trap
mēnsa, mēnsā: table
misera, miserā: poor, unfortunate, unhappy
misericordia, misericordiā: pity
nūtrit: feeds
orbis, orbe: circle, the world

paene (qualifier): almost
pōnit: places
portat: carries
post (prep w acc): after
probat: proves
ratiō, ratiōne: reason
recipit: recovers
sapit: is wise
sententia, sententiā: saying, quotation
sinus, sinū: curve of some sort; lap, breast; fold of garment
stat: stands
subitō: suddenly
terra, terrā: ground
tollit: lifts up
trūdit: pushes hard
tussis, tussī: cough
vel (intensifier): even
ventus, ventō: wind
vestit: clothes

UNIT 12

Carmen

Many children's stories depend for their effect on repetition, like Chicken Licken who went to tell the king that the sky was falling, or the teeny-tiny woman who lived in a teeny-tiny house in a teeny-tiny village. Such stories would seem to lend themselves to teaching English to foreigners because of the large amount of repetition. Here is an old favorite turned into Latin verse.

The meter used in this poem is not one which the Romans themselves used. In fact, their poetry had neither rhyme nor stress as ours does.

In Illō Colle

In illō colle quercus stat;
    quercus in colle, et collis nōn movētur.

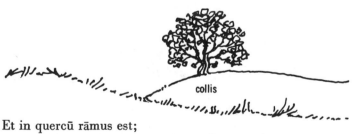

Et in quercū rāmus est;
    rāmus in quercū, quercus in colle, et collis nōn movētur.

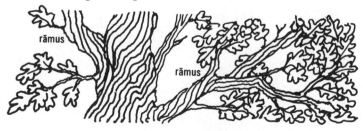

Et in rāmō nīdus est;
nīdus in rāmō, rāmus in quercū, quercus in colle,
et collis nōn movētur.

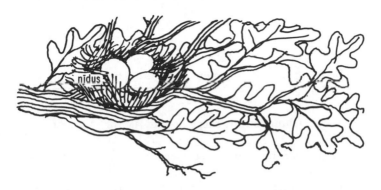

Et in nīdō ōvum est;
ōvum in nīdō, nīdus in rāmō, rāmus in quercū,
quercus in colle, et collis nōn movētur.

Et in ōvō avis est;
avis in ōvō, ōvum in nīdō, nīdus in rāmō, rāmus in
quercū, quercus in colle, et collis nōn movētur.

Et in ave penna est;
penna in ave, avis in ōvō, ōvum in nīdō, nīdus in
rāmō, rāmus in quercū, quercus in colle, et collis
nōn movētur.

Quaestiōnēs

1 Quid habet quercum?
2 Quid habet rāmum?
3 Quō locō est nīdus?
4 Quid in nīdō est?
5 Quid habet nīdus?
6 Quid in ōvō est?
7 Quō locō est avis?
8 Quō locō est quercus?
9 Quid habet avis?
10 Quid nōn movētur?

Sententiae

1 Homō plantat, homō irrigat, sed Deus dat incrēmentum.
Motto

2 Pāx paritur bellō. Nepos

3 Dē parvā scintillā magnum saepe excitātur incendium.
Anonymous

4 Saepe malum petitur, saepe bonum fugitur. Anonymous

5 In vīnō, in īrā, in puerō semper est vēritās. Anonymous

6 Vīnō forma perit, vīnō corrumpitur aetās. Anonymous

7 Īra odium generat, concordia nūtrit amōrem. Dionysius
Cato

8 Ex vitiō sapiēns aliēnō ēmendat suum. Publilius Syrus

9 Dum fēlēs dormit, mūs gaudet et exsilit antrō. Medieval

fēlēs

antrum

10 Mulier rēctē olet ubī nihil olet. Plautus

11 Prō bonō pūblicō. Commonplace

12 Saepe est etiam sub palliolō sordidō sapientia. Caecilius

13 Crēscit audācia experīmentō. Pliny

14 Rārō senex mūtat sententiam. Medieval

15 Studium generat studium, ignāvia ignāviam. Anonymous

16 Sōla virtūs praestat gaudium perpetuum, sēcūrum. Seneca

17 Conjugium sine prōle, diēs velutī sine sōle. Anonymous

18 Tūtus in mēnsā capitur angustā cibus;
venēnum in aurō bibitur. Seneca

19 Ferrum ferrō exacuitur. *Proverbs*

20 Nōn lupus ad studium sed mentem vertit ad agnum.
Medieval

21 Dē sapientī virō facit ira virum citō stultum. Medieval

22 Virtūte et meritō. Motto

23 Tempus fugit. Commonplace

24 Prōpositum mūtat sapiēns, at stultus inhaeret. Petrarch

25 Gladiātor in arēnā cōnsilium capit. Seneca

26 Lēx pūnit mendācium. Legal

27 Nātūra abhorret vacuum. Spinoza

28 Omnis in ferrō est salūs. Seneca

29 Vēritās odium parit. Burton

30 Exitus in dubiō est. Ovid

31 Caelum ipsum petitur stultitiā. Burton

32 Ex aliēnō perīculō sapiēns sē corrigit et ēmendat. Medieval

33 Mala herba citō crēscit. Anonymous

34 Comes fācundus in viā prō vehiculō est. Publilius Syrus

35 Nēmō nisī vitiō suō miser est. Seneca

36 Tua rēs agitur, pariēs cum proximus ardet. Horace
   Agit is a word with an extremely wide range of meanings.
   Experiment to decide its meaning here.

English Derivatives

ABHOR
ACUTe
ALIEN
ARDEnt
AUDACIous
AURiferous
imBIBe
CORRECT
CORRUPT
EMENDATION
FELine
FERRous oxide
FERRIferous
FORM
adHERe
INCREMENT
MISERable

anNIHILate
ODIous
PACify
prePARe
PEN
PROPOSItion
apPROXIMate
PUNIsh
SCINTILLAte
SENile
SORDID
STUDy
TEMPO
TEMPORal
conVERT
diVERT
reVERT

Vocabulary

aliēnus, aliēnō: belonging to someone else
antrum, antrō: cave (here used as a humorous exaggeration)
ardet: is on fire
at: but
aurum, aurō: gold
avis, ave: bird
bellum, bellō: war
bonum, bonō (adj, here used as neuter noun): good, benefit
caelum, caelō: heaven
carmen, carmine: poem, song
citus, citō: quick (as neuter noun, found only in abl)

collis, colle: hill
conjugium, conjugiō: marriage
exacuit: sharpens
exsilit: jumps out
fācundus, fācundō: speaking in an interesting manner
ferrum, ferrō: iron
forma, formā: beauty
gaudet: rejoices
Iġnflviu, Iġnflviŋi uuwurdiuu, luuinouu
incrēmentum, incrēmentō: increase
inhaeret: stands firm, is stuck
mendācium, mendāciō: lie, falsehood
mulier, muliere: woman
nīdus, nīdō: nest
nihil (defective noun)[1]: nothing (here: "not at all")
odium, odiō: hatred
olet: smells, gives off an odor
ōvum, ōvō: egg
palliolum, palliolō: small cloak (often a symbol of a philosopher)
pariēs, pariete: wall
penna, pennā: feather
periculum, periculō (longer form of peric'lum): danger, peril
praestat: gives, bestows
prō (prep w abl): in place of, as good as, in return for
prōlēs, prōle: offspring
rāmus, rāmō: branch
rārō (another neuter noun like citō used only in abl): rarely
rēctē: correctly, right
sordidus, sordidō: dirty
velutī: just as

---

[1]A defective noun is one that does not have forms in all the cases.

UNIT 13

Fābella

Vulpēs in Puteō

Vulpēs sine cūrā mūrem premit et puteum nōn videt.

Mūs suprā puteum sine perīc'lō currit.

In puteum cadit, autem, vulpēs misera.

Sed auxilium adest! Videt vulpēs situlam.

In situlā sē pōnit īnferiōre. Sed hōc factō dēscendit situla inferior et ascendit situla altera.

Saltum facit magnum vulpēs, sed frūstrā.

Ecce! Venit ad puteum canis.

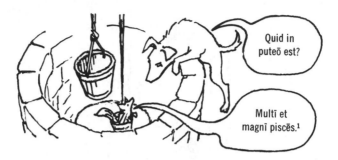

Animal stultum sē in situlā superiōre pōnit et in puteum dēscendit; vulpēs autem ascendit alterā situlā. Hōc modō ex puteō ēvādit.

Deinde vulpēcula canem rīdet.

---

[1]nominative plural

Again, questions on the story which you have just read.

Quaestiōnēs

1 Quāle animal est vulpēs?
2 Quāle animal est canis?
3 Ā quō canis fallitur?
4 Quantum saltum frūstrā facit vulpēcula in puteō?
5 Ubī² situla superior dēscendit, quid agit situla inferior?
6 Ubī situla īnferior ascendit, quid agit superior?
7 Quō locō pōnit sē vulpēcula?
8 Quō locō pōnit sē canis stultus?
9 Quis ex puteō ēvādit?
10 Quis in puteō manet sine spē?

Sententiae

1 Commūne perīculum concordiam parit. Anonymous

2 Prīma dīgestiō fit in ōre. Anonymous

3 Malum vās nōn frangitur. Anonymous

4 Perenne conjugium animus, nōn corpus, facit. Publilius Syrus

5 Homō semper aliud, Fortūna aliud cōgitat. Publilius Syrus

6 Obit anus, abit onus.
   Said to have been the inscription devised by Schopenhauer for the grave of his housekeeper.

7 Ut vēr dat flōrem, studium sīc reddit honōrem. Medieval

8 Ūna hirundō nōn facit vēr. Anonymous

---

²*ubī*: when

9 In caudā venēnum. Anonymous

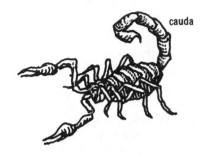

cauda

10 In marī aquam quaerit. Medieval

11 Terminat hōra diem; terminat auctor opus. Conclusion of Marlowe's *Dr. Faustus*

12 Ovem in fronte, vulpem in corde gerit. Medieval
   Like *agit*, *gerit* is a word with a wide range of meanings.
   The subject is not present and must be supplied.

13 Nūllum sine exitū iter est. Seneca

14 Homō sine religiōne sīc ut equus sine frēnō. Medieval

15 Vīle dōnum, vīlis grātia. Anonymous

16 Est vērum verbum : frangit Deus omne superbum. Medieval

17 Numquam aliud nātūra, aliud sapientia dīcit. Juvenal

18 Malum nūllum est sine aliquō bonō. Pliny the Elder

19 Mōbile mūtātur semper cum prīncipe vulgus. Medieval

20 Omne īgnōtum prō magnificō est. Tacitus

21 Nīl bene pauper agit. Medieval

22 Aliēnō in locō haud stabile rēgnum est. Seneca

23 Ubī est thēsaurus tuus, ibī est et cor tuum. New Testament

34

24 Nihil rēctē sine exemplō docētur aut discitur. Columella

25 Suāviter et fortiter. Motto

26 Interdum stabulum reparātur post grave damnum. Medieval

27 Simile simili gaudet. Medieval

28 Virtūte et nūmine. Motto

29 Ab honestō virum bonum nihil dēterret. Seneca (adapted)

30 Virēscit vulnere virtūs. Motto

31 Aut Caesar aut nihil. Motto of Caesar Borgia

32 Quam miserum est ubī cōnsilium cāsū vincitur! Publilius
Syrus

33 Crīmine nēmō caret. Anonymous
    Like *eget*, *caret* takes its object in the ablative case.
    Caret also means the same as *eget*, "lack."

English Derivatives

CARET (meaning,   MARine
    "Something is missing")   ORal
CORDial   PERENNial
DISCiple   RIDiculous
FULMINate   VASe
GRATItude   VERnal
ITINERary   VILE

Vocabulary

From now on, the gender of all nouns is added to the nominative
and ablative forms; for example, "*cāsus-ū*, m" or "*cauda-ā*, f."
Adjectives are listed with the nominative forms, like *cautus,
cauta, cautum* or *facilis, facile.*

35

abit: goes away
adest: is present, is at hand
aliquis, aliquid: someone, something
alius, alia, aliud: other (*aliud* . . . *aliud* means "one thing . . .
    another thing")
aut (conj): either; *aut* . . . *aut*, either . . . or
caret (like *eget*, takes its complement in ablative case): lacks
cāsus-ū, m: happening, accident, chance
cauda-ā, f: tail
cor, corde, n: heart
damnum-ō, n: loss
deinde (sentence connector): then
discit: learns
dōnum-ō, n: gift
ecce: look!
frēnum-ō, n: bridle, bit
frōns, fronte, f: forehead, face
frūstrā (adverb): in vain
haud (strong negator): not at all
hirundō, hirundine, f: swallow
īgnōtus, īgnōta, īgnōtum: unknown
interdum: sometimes
iter, itinere, n: journey
mare, marī, n: sea
multus, multa, multum: much (in the plural, means "many")
nūmen, nūmine, n: divine power, divinity, god
obit: dies
onus, onere, n: burden
ōs, ōre, n: mouth
ovis, ove, f: sheep
perennis, perenne: everlasting
pōnit: places, puts
puteus, puteō, m: well
rīdet: laughs at, makes fun of
similis-e: like, similar; as neuter noun, similar thing
situla, situlā, f: bucket
stabulum, stabulō, n: stable
superbus, superba, superbum: proud, haughty
suprā (prep w acc): over, across, above, on top of
thēsaurus-ō, m: treasury
vās, vāse, n: vase

36

vēr, vēre, n: spring
verbum-ō, n: word
vīlis, vīle: cheap, worthless
virēscit: increases in strength
vulgus (neuter noun, rare in belonging to the second declension;
    the forms are *vulgus, vulgus, vulgō*): crowd, common
    people
vulpēcula, vulpēculā, f: smart little fox

UNIT 14

Fābella

In the next story there are three pronouns useful in telling stories: 1) *hic, haec, hoc,* meaning "this" (near the speaker); 2) *ille, illa, illud,* meaning "that" (away from the speaker); 3) *ipse, ipsa, ipsum,* an intensifier giving emphasis to the word it modifies. While the nominative singular of these pronouns is irregular, as you can see, the forms in the following story are regular.

There is a fourth pronoun, *is, ea, id,* a colorless pronoun meaning "he, she, it," but which does not point out position as *hic* and *ille* do.

Refer to this introduction for help with these pronouns as you read the story.

Cōnsilium Bonum

Pater, Pūblius nōmine, fīliusque asinum suum ad urbem dūcunt. Hae puellae eōs rīdent.

Quam stultī hī hominēs sunt!
Quā rē asinum dūcunt?
Cūr ūnus ex eīs ab
asinō nōn vehitur?

Pater fīlium suum Mārcum in asinō pōnit et ipse ante ambulat.

Jam hae fēminae eōs in vicem culpant.

Fīlium ex asinō dēpōnit Pūblius et ipse in animal aurītum ascendit. Mārcus in vicem ante ambulat.

Hilarēs iter suum sīc faciunt. Sed eōs accūsat alia mulier.

Mārcus post patrem in asellō sē pōnit et magnā fēlīcitāte prōcēdunt.

Sed haec speciēs aliōs virōs offendit.

Īnfēlīx animal parvum! Onus intolerābile portat. Facilius[1] eī suam bēstiam vehant![2]

Jocus prō sēriō capitur. Dēscendunt et senex et juvenis, et asinum humerīs suīs ferunt.

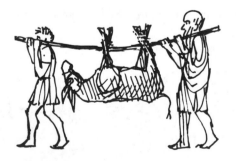

Tandem ad pontem veniunt, ubi puerī puellaeque lūdunt, rīdent, exclāmant.

Asinus, sonitū excitātus, sē ex humerīs līberat, in flūmen salit, miserē perit.

Fābula hoc mōnstrat: cōnsilia omnia semper audit sōlus stultus.

Quaestiōnēs

1 Quod nōmen possidet pater?
2 Quod nōmen possidet fīlius?
3 Quod animal habent pater fīliusque?
4 Quem ad locum dūcunt Pūblius et Mārcus asinum suum?
5 Ubī Mārcus ambulat, ā quō vehitur pater?
6 Quid vehunt humerīs suīs pater et fīlius?
7 Ā quibus excitātus est asellus?
8 In quem locum salit asinus?
9 Quō locō perit asellus miser?

Sententiae

1 Bēstia quaeque suōs nātōs cum laude corōnat. Medieval

2 Obsequium amīcōs, vēritās odium parit. Terence

41

3 Tranquillās etiam naufragus horret aquās. Ovid

4 Faciēs tua computat annōs. Juvenal

5 Fēlīcitās multōs habet amīcōs. Erasmus

6 In oculīs animus habitat. Pliny the Younger

7 Homicidium, cum admittunt singulī, crimen est; virtūs vocātur cum pūblicē geritur. Cyprian (?)

8 Paucī sed bonī. Commonplace

9 Tempore fēlīcī multī numerantur amīcī. Medieval

10 Post tenebrās lūx. Anonymous

11 Quaerit aquās in aquīs. Ovid

12 Fidē et litterīs. Motto

13 Litterae nōn dant pānem. Medieval

14 Multī morbī cūrantur abstinentiā. Celsus (?)

15 Cum sēsē vincit sapiēns, minimē vincitur. Publilius Syrus
Sēsē, variant of *sē*, accusative form of pronoun referring to subject of sentence: himself, herself, itself, themselves.

16 Oculī amōrem incipiunt, cōnsuētūdō perficit. Publilius Syrus

17 Malī corvī, malum ōvum. Anonymous

18 Superbus et avārus numquam quiēscunt. Anonymous

19 Mortuī nōn dolent. Medieval

20 Certō veniunt ōrdine Parcae. Seneca

21 Pars major lacrimās rīdet et intus habet. Martial

22 Famēs commendat cibōs : nihil contemnit ēsuriēns.
Anonymous

23 Dīvitiae apud sapientem virum in servitūte sunt, apud
stultum in imperiō. Seneca

24 Nōscitur ex sociīs. Anonymous

25 Fabās indulcat famēs. Anonymous

26 Prīnceps injūstus servōs habet et vitiōsōs. Medieval

27 Dīvitiae pariunt cūrās. Medieval

28 Generōsōs animōs labor nūtrit. Seneca

29 Dēcipit frōns prīma multōs. Phaedrus

30 Dē mortuīs nīl nisī bonum. Diogenes Laertius (translation)
   nīl (defective noun, n) : contracted form of *nihil*

31 Miseram servitūtem falsō pācem vocant. Tacitus

English Derivatives

AMBULAtory   transLUCent
COPIous   MORBid
DECEPTion   MORTUary
conDUCT   OVal
HORRify   OVUM
INCIPIENT   PAUCity

Vocabulary

ambulat: walks
ante: in front
appellat: names, calls
apud (prep w acc): in the presence of, within the power of
aurītus, aurīta, aurītum: having long ears
bēstia-ā, f: animal
cōnsuētūdō, cōnsuētūdine, f: custom, habit
corōnat: crowns
corvus-ō, m: crow
culpat: blames
cūr: why
dēpōnit: places down
difficultās, difficultāte, f: difficulty
dīvitiae-īs, f (pl only): riches
dūcit: leads
ēsuriēns (adj, abl ēsuriente): hungry; as noun, hungry person
excitātus, excitāta, excitātum: aroused
faba-ā, f: bean
fames, famē, f: hunger (a third declension noun in spite of the -ē)
fatīgātus, fatīgāta, fatīgātum: tired
fīliolus-ō, m: little boy, little son
fīlius, fīliō, m: son
generōsus, generōsa, generōsum: free born, noble
horret: shudder, shudder at, fear
humerus-ō, m: shoulder
ignāvus, ignāva, ignāvum: cowardly, lazy
incipit: begins
indulcat: makes delicious
injūstus, injūsta, injūstum: unjust
intolerābilis-e: intolerable, unbearable
jocus-ō, m: joke
līberat: frees
lūdit: plays
mortuus, mortua, mortuum: dead
naufragus-ō, m: shipwrecked person
nōscit: knows
obsequium-ō, n: compliance, yielding
Parcae-īs, f (pl only): Fates

44

pater, patre, m: father
paucī, paucae, pauca (pl only): few, only a few
pōns, ponte, m: bridge
post (prep w acc): after
quoque: also, too
salit: jumps
sērius, sēria, sērium: serious (in the phrase *prō sēriō, sērium* is
    a neuter noun and the phrase means "seriously")
socius, socia, socium. allied, (as noun) allies, associates
sonitus-ū, m: sound
tenebrae-īs, f (pl only): shadows
ūllus, ūlla, ūllum: any (used only with negatives, questions,
    and in subordinate clauses)
vehit: carries
vicis, vice, f: turn, change (*in vicem* : in turn)
vitiōsus, vitiōsa, vitiōsum: full of faults, wicked

UNIT 15

Fābella

Parvus Magnum Adjuvat

Leō placidē ōre apertō dormit.

Mūs sine cūrā in ōs apertum currit.

Leō ex somnō excitātus ōs suum claudit.

Jam ōre leōninō capitur miser mūsculus. Suprā linguam sedet, dentēs horribilēs spectat, cōnsilium capit.

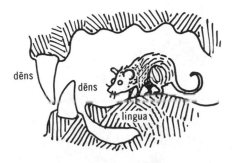

Deinde ambulat et dē salūte suā cōgitat.

Haec ambulātiō leōnem irrītat; ille mūrem ex ōre exspuit.

Mūs vītam suam vehementer ōrat. Leō cum rīsū suam praedam parvam dīmittit.

Nōn multō post hoc tempus leō laqueō ā vēnātōribus capitur et sub rāmīs sine spē jacet.

Hanc ōrātiōnem trīstem mūs audit; ad leōnem currit; dentibus parvīs acūtīsque laqueum rōdit.

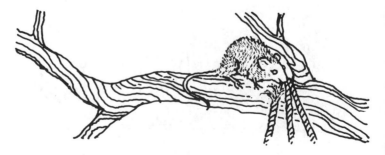

Leō maximās agit grātiās.[1] Sīc magnum parvus adjuvat.

Quaestiōnēs

1 Quis in ōre leōninō clauditur?
2 Ā quō leō irrītātur?
3 Ā quō mūs dīmittitur?
4 Quī leōnem capiunt?
5 Quō vēnātōrēs praedam suam capiunt?
6 Quis leōnem adjuvat?
7 Quid ā mūre rōditur?

Sententiae

1 Elephās Indus culicēs nōn timet. Anonymous

2 Nātūra in operātiōnibus suīs nōn facit saltum. Linnaeus (?)

3 Per undās et ignēs fluctuat nec mergitur. Motto of Paris

4 Multīs ictibus dējicitur quercus. Anonymous

5 Dominus vōbīscum et cum spīritū tuō. Ecclesiastical
With pronouns, the preposition *cum* is added at the end
of the word.

6 Laus alit artēs. Seneca

7 Necessitūdō . . . etiam timidōs fortēs facit. Sallust

---

[1]*agit maximās grātiās* : thanks heartily

8 Audācēs Fortūna juvat timidōsque repellit. Anonymous

9 Ubī mel, ibī apēs. Anonymous

10 Fontibus ex modicīs concrēscit maximus amnis. Medieval

11 Bonus pāstor animam suam dat prō ovibus suīs. New Testament

12 Crēscunt sermōnēs ubī conveniunt mulierēs. Medieval

13 Hominēs, dum docent, discunt. Seneca

14 Urbēs cōnstituit aetās, hōra dissolvit. Momentō fit cinis, diū silva. Seneca

15 Sēra . . . tacitīs poena venit pedibus. Tibullus

16 Ignis aurum probat, miseria fortēs virōs. Anonymous

17 In magnō magnī capiuntur flūmine piscēs. Anonymous

18 Modus omnibus in rēbus. Plautus

19 Vulpēs pilum mūtat, nōn mōrēs. Suetonius (adapted)

20 Interdum audācēs efficit ipse timor. Medieval

21 Nōn bene sub stabulō nūtriuntur ovēs aliēnō. Medieval

22 Hōrae quidem cēdunt et diēs et mēnsēs et annī, nec praeteritum tempus umquam revertitur. Cicero

23 Amīcitia parēs aut accipit aut facit. Aristotle (translation)

24 Sunt quidem hominēs nōn rē sed nōmine. Anonymous

25 Aequat omnēs cinis. Seneca

26 Multae sunt arborēs, sed nōn omnēs faciunt frūctum; multī frūctūs, sed nōn omnēs comēstibilēs. Petrus Alphonsus

27 Mōribus antiquīs rēs stat Rōmāna virīsque. Ennius

28 Labōrēs pariunt honōrēs. Medieval

29 Caecī vident, claudī ambulant, leprōsī mundantur, surdī audiunt, mortuī resurgunt, pauperēs ēvangelizantur. New Testament

30 Lēgēs . . . bonae ex malīs mōribus prōcreantur. Macrobius

31 Omnēs ūna manet nox. Horace
  With an object, *manet* means "wait for."

32 Concordiā parvae rēs crēscunt. Sallust

33 Post cinerēs est vērus honor, est glōria vēra. Medieval

34 Jūs superat vīrēs. Anonymous
  In the singular, *vis* means "violence"; the plural means "strength."

35 Abūsus nōn tollit ūsūs. Legal

36 In pāce leōnēs, in proeliō cervī. Tertullian

37 Artēs, scientia, vēritās. Motto of University of Michigan

38 Aurum flamma probat, hominēs temptātiō jūstōs. Anonymous

39 Aufert os canibus canis ūnus saepe duōbus. Medieval

40 Tūtī sunt omnēs, ūnus ubī dēfenditur. Publilius Syrus

41 Unguibus et rōstrō. Anonymous

42 Lēge dūrā vīvunt mulierēs. Plautus

43 Bonōs corrumpunt mōrēs congressūs malī. Tertullian (?)

44 Ubī opēs, ibī amīcī. Anonymous

English Derivatives

ALImentary	MELLIfluous
APIary	subMERGe
AUDItorium	OSSIfy
reCEDE	PAR
inCINerate	PASTOR
CONSTITUTion	PREcIous
DURable	PRETERIT
FAVor	SERMON
FLUCTUAte	UNDulate
IGNIte	

Vocabulary

acūtus-a-um: sharp
aequat: makes equal, equalizes
alit: feeds
ambulātiō, ambulātiōne, f: walking
amnis, amne, m: stream, river
anima-ā, f: breath, spirit, soul, life
apertus-a-um: open
apis, ape, f: bee
audit: hears
aufert (au- is a rare variant of ā and ab): carries away
cēdit: goes away
cervus-ō, m: deer
cinis, cinere, m: ashes (particularly of a cremated body), funeral
    fire, death

claudit: closes
cōgitat: thinks, plans
comēstibilis-e: edible
congressus-ū, m: getting together, association
cōnstituit: sets up, builds, makes up
convenit: comes together
culex, culice, m: any small insect such as a mosquito, gnat
dējicit; throws down, cuts down
dimittit: sends away, lets go
dormit: sleeps
dūrus-a-um: hard, harsh, difficult
elephās, elephante, m (variant form of *elephantus*): elephant
ēvangelizat: preaches to, converts
exspuit: spits out
fluctuat: floats
ictus-ū, m: blow, striking, cut
ignis, igne, m: fire
jacet: lies down, lies prostrate, is buried, lies low
jūs, jūre, n: justice, law
leōnīnus-a-um: belonging to a lion
lingua-ā, f: tongue
mel, melle, n: honey
mēnsis, mēnse, m: month
mergit: sinks (transitive)
modus-ō, m: way, method, moderation
mōs, mōre, m: custom; (pl) way of life, morals
mūsculus-ō, m: little mouse
nec (variant of *neque*): neither; and . . . not
nunc (substitutor): now
nūtrit: feeds, nourishes
opem, f: assistance; (pl) resources, money
ōrat: begs, begs for, asks for
os, osse, n: bone
ostendit: shows, displays, discloses
pār, pare (adj): equal
pāstor, pāstōre, m: shepherd
per (prep w acc): through
placidē (adv): peacefully
praeda-ā, f: booty
praeteritus-a-um: past
proelium-ō, n: battle

quidem (intensifier): at least, any way
rīsus-ū, m: laugh, laughter, act of laughing
rōdit: gnaws
rōstrum-ō, n: beak
sermō, sermōne, m: speech, talk, word
sērus-a-um: late; (as neuter abl, *sērō* means "at a late time")
somnus-ō, m: sleep
spectat: looks at
suāvis-e: delicious, pleasant, sweet
superat: overcomes, conquers
surdus-a-um: deaf
tamen (sentence connector): but, however
trīstis-e: sad
umquam (positive form of *numquam*, found in negative state-
    ments, questions, and conditional clauses): ever
vehementer: vigorously
vēnātor, vēnatōre, m: hunter
venit: comes
vultus-ū, m: expression on the face

UNIT 16

Historia

During the reign of the Emperor Augustus (born 63 B.C., died 14 A.D.) lived some of the most famous Roman poets: Vergil, Horace, Tibullus, Propertius, and Ovid. The best-known writer of prose of this Augustan Age, as it is called, was the historian Livy. He was convinced that Rome was declining. Like Augustus, Livy wished to turn the Romans back to their traditional virtues of *pietās, sevēritās, gravitās;* these included simple living, respect for the gods, and a readiness to put country above self.

According to legend, Rome was ruled by a succession of seven kings for 244 years after its founding. The last kings were Etruscan by birth. The Etruscans were a people who occupied the part of Italy north of the Tiber River.

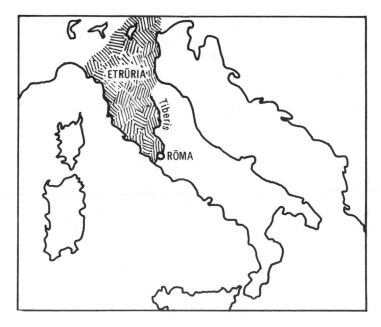

The last of the seven kings, called Tarquin the Proud, was so tyrannical that the Romans expelled him from the city in 509 B.C. Porsenna, King of Etruria, tried to restore Tarquin to power. It is hard to tell how much of the "history" of this time is true. In any case, the details of the following story are taken from Livy.

Horātius Pontem Dēfendit

Agricolae Rōmānī in agrīs suīs labōrant. Sed quid jam appāret in illō colle? "Exercitus Etruscus est!" "Quis eōs dūcit?" "Est Porsenna, rēx Etruscus. Sed quis cum Porsennā vehitur equō nigrō?" "Eheu! Est Tarquinius Superbus! Rēgnum suum injūstē quaerit." Quia hostēs adsunt, omnēs agricolae in urbem ex agrīs dēmigrant; urbem ipsam cum mīlitibus custōdiunt. Maximē eōs dēfendit Tiberis flūmen. In hōc flūmine est pōns.

Hic pōns iter dōnat. Rōmānī aliī igitur ictibus pontem caedunt; aliī igne combūrunt. Sed jam exercitus Etruscus cum Tarquiniō crūdēlī celeriter ad pontem currunt. Videt perīc'lum Pūblius Horātius Cocles. ("Cocles" sīgnificat "ūnum oculum habēns.") Rōmānī perterritī ex labōre suō cessant. Horātius autem eōs ad officium revocat. "Pontem caedite!"[1] inquit. "Egō hostēs in ponte ipsō impediam."[2]

Prīmō deōs adōrat; deinde arma sūmit et sē in prīmō aditū pontis[3] contrā tōtum exercitum Etruscum pōnit.

Tanta fortitūdō hostēs stupefacit. Deinde impetum in Horātium faciunt. Stat ille[4] in angustō aditū pontis[3] et paucī impetum in eum eōdem tempore faciunt. Sed in maximō perīc'lō est. Duo aliī Rōmānī, Spurius Larcius et Titus Herminius nōmine, ad auxilium currunt. Stat Spurius ā dextrā manū, Herminius ā laevā.

---

[1] The signal {-te} on a verb shows a command to two or more people. *Pontem caedite!* therefore means, "Cut down the bridge!"
[2] *Egō impediam* means, "I will stop."
[3] *Pontis* is a new case, meaning "of the bridge."
[4] *Ille* used in this way (as a pronoun) indicates a change of subject; the subject is now a masculine singular noun used in the last sentence, but not used there as subject.

Sustinent hī trēs fortēs impetūs omnēs. Jam opus suum cōnficiunt aliī Rōmānī et trēs mīlitēs ad sē revocant.

Recēdunt Larcius et Herminius; stat sōlus Horātius; singulōs Etruscōs in pūgnam prōvocat. "Pūgnāte,[5] ignāvī Etruscī!" exclāmat. Iterum fortitūdine stupent hostēs. Stant omnēs sine mōtū, ōre apertō, et dīcunt, "Īnsānus est! Tōtum nostrum exercitum in pūgnam prōvocat!"

Pudor deinde commovet aciem, et clāmōre magnō ex omnibus partibus tēla sua in ūnum hostem jaciunt. Ea in scūtō haerent, et ille pontem fortī gradū jam tenet. Simul frangitur pōns clāmantque Rōmānī, "Jam perit noster fortis Horātius!"

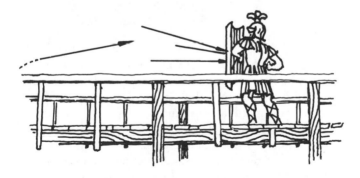

At Cocles deum Tiberīnum invocat, "Accipe[6] haec arma et hunc mīlitem," et sē in flūmen prōjicit. Quamquam tēla multa circum eum cadunt, ad suōs sine vulnere trāns Tiberim natat.

---

[5] A command to two or more people: "Fight!"
[6] *Accipe* is the command form of the verb ordering one person to do something. The signal is {∅}.

57

Quaestiōnēs

1 Quālis rēx est Tarquinius Superbus?
2 Quōs Tiberis flūmen adjuvat?
3 Quis in ponte sōlus stat?
4 Quod nōmen sīgnificat "habēns ūnum oculum"?
5 Quī in Horātium impetum faciunt?
6 Quibuscum Horātius pontem contrā Etruscum exercitum dēfendit?
7 Quibus rēbus pōns ā Rōmānīs frangitur?
8 Quī Horātium fortem adjuvant?
9 Quid jaciunt Etruscī in Horātium?
10 Quem in locum salit Horātius?

Sententiae

1 Lātrantem cūratne alta Diāna canem? Anonymous

Diāna: Latin name for Greek goddess Artemis. This goddess had three distinct functions. She was the goddess of the hunt, of the moon, and of the underworld (identified with Proserpina, the Greek Persephone). She was often worshipped at crossroads which the Romans referred to as *trivia* (because there were three possible routes to take). In somewhat the same way, she herself was called *triformis* and was sometimes represented as a statue of three women joined together or even as a person with three heads.

2 Impia sub dulcī melle venēna jacent. Ovid

3 Multōs morbōs multa fercula ferunt. Pliny

4 Vulgus ex vēritāte pauca, ex opīniōne multa aestimat. Cicero

5 Labor omnia vincit. Vergil

6 Juppiter in caelīs, Caesar regit omnia terrīs. Anonymous

7 Dē minimis nōn cūrat lēx. Legal

8 Vulpēs nōn capitur mūneribus. Medieval

9 Dum vītant stultī vitia, in contrāria currunt. Horace

10 Astra regunt hominēs, sed regit astra Deus. Anonymous

11 Nōn redit unda fluēns; nōn redit hōra ruēns. Medieval

12 Stultus verbīs nōn corrigitur. Medieval

13 Carmina nōn dant pānem. Anonymous

14 Silent . . . lēgēs inter arma. Cicero

15 Multa senem circumveniunt incommoda. Anonymous

16 Pauca sed bona. Anonymous

17 Ratiō omnia vincit. Anonymous

18 Variat omnia tempus. Anonymous

19 Verba movent, exempla trahunt. Anonymous

20 Facta, nōn verba. Commonplace

21 Ācta exteriōra indicant interiōra sēcrēta. Legal

22 Virtūte, nōn verbīs. Motto

23 Ignis, mare, mulier: tria mala. Medieval

24 Furor arma ministrat. Vergil

25 Fīdus in adversīs cognōscitur omnis amīcus. Anonymous

26 Studiīs et rēbus honestīs. Motto

27 Virtūte et armīs. Motto of Mississippi

28 Venter praecepta nōn audit. Seneca

29 Ācta deōs numquam mortālia fallunt. Ovid

30 Deō adjuvante. Motto

31 Duōbus lītigantibus, tertius gaudet. Medieval

32 Deō volente. Commonplace

33 Saevīs pāx quaeritur armīs. Statius

34 Ostendit sermō mōrēs animumque latentem. Medieval

35 Saepe summa ingenia in occultō latent. Plautus

36 Lātrante ūnō, lātrat statim et alter canis. Anonymous

37 Multa sub vultū odia, multa sub ōsculō latent. Medieval

38 Saepe tacēns vōcem verbaque vultus habet. Ovid

39 Deō dūcente. Commonplace

40 Crēscit in adversīs virtūs. Lucan

41 Saepe, premente deō, fert deus alter opem. Ovid

42 Similia similibus cūrantur. Samuel Hahnemann

43 Nōn omnis fert omnia tellūs. Anonymous

44 Jējūnus venter nōn audit verba libenter. Medieval

45 Aliquis in omnibus, nūllus in singulīs. Burton

46 Verba dat omnis amor. Ovid
   The expression *verba dat* ("give words") means to give
   only words, without any intent to fulfill what the words
   mean, namely, "to deceive."

47 Multum, nōn multa. Pliny the Younger

48 Dē hōc multī multa, omnēs aliquid, nēmō satis. Anonymous

49 Piscis captīvus vīnum vult, flūmina vīvus. Medieval

English Derivatives

ASTRonaut
inCISion
ESTIMAte
IMPETUous
INGENIous
MIGRAte

adMINISTeR
reMUNERation
OCCULT
PRECEPT
interROGAtion

Vocabulary

aditus-ū, m: entrance
adōrat: prays
aestimat: judges, values
altus-a-um: high up, far down (in Sentence #1, it means "high
   in the heavens")
appāret: appears
arma, armīs, n: arms, armor
astrum-ō, n: star
caedit: cuts, hurts, kills
cessat: ceases from, stops, is inactive, does nothing
circum (prep w acc): around, about
circumvenit: surrounds
combūrit: sets fire to, burns up
commovet: moves greatly
cōnficit: completes

contrā (prep w acc): against
custōdit: guards
dēmigrat: moves away
dexter, dextra, dextrum: right, right-handed; (as feminine noun) right hand
duo, duae, duo (slightly irregular): two
eheu (exclamation): alas
exercitus-ū, m: army
ferculum-ō, n: course (at dinner)
furor, furōre, m: anger, fury
haeret: clings, sticks
īdem, eadem, idem (pronoun): the same
igitur (sentence connector): therefore
impetus-ū, m: attack
incommodus-a-um: inconvenient, difficult; (as neuter noun) trouble
ingenium-ō, n: ability, genius, personality, talent
invocat: prays to
jacit: throws
jējūnus-a-um: hungry
juventūs, juventūte, f: youth
laevus-a-um: left
lātrat: barks
libenter (adv): gladly
mīles, mīlite, m: soldier
ministrat: supplies, furnishes
mōtus-ū, m: motion, movement
mūnus, mūnere, n: task to perform; reward for performing a task; pay, gift
natat: swims
niger, nigra, nigrum: black
noster, nostra, nostrum: our
occultus-a-um: hidden, secret; (as neuter noun) secret
officium-ō, n: duty
ōsculum-ō, n (diminutive of ōs, mouth): little mouth; kiss
pars, parte, f: part
perterritus-a-um: thoroughly frightened
praeceptum-ō, n: advice
prōjicit: throws forth
prōvocat: challenges
pudor, pudōre, m: shame

pūgna-ā, f: battle
pūgnat: fights
quam: how
quamquam (subordinating conj): although
quia (conj): because
redit: comes back
rogat: asks
ruit: falls, rushes in haste
saevus-a-um: savage
scūtum-ō, n: oblong Roman shield
silet: is quiet
simul: at the same time
singulus-a-um: one by one; (pl) separately
statim: immediately
stupefacit: astonishes
stupet: is astonished
sūmit: takes, takes away
super (prep w acc): above, over
sustinet: sustains
tantus-a-um: so great, such
tellūs, tellūre, f: goddess of the earth, often used of land itself
tēlum-ō, n: weapon
trēs, tria: three
variat: changes
vītat: avoids

UNIT 17

Illūstrātiō

What follows is the text of the filmstrip *Vita Cottīdiāna,* which is part of the *Artēs Latinae* program. The reduced pictures are to remind you of the scene you saw projected. If you haven't seen the filmstrip, you probably won't be able to get much out of just the text.

The Romans, of course, had no word for "filmstrip." The verb *illūstrat* means "lights up, illuminates." The noun *illūstrātiō* is a technical term used in teaching, speaking, or writing, and means "vivid representation."

Vīta Cottīdiāna

1. Secundō saeculō post Christum nātum, sub Imperātōre Trajānō, Imperium Rōmānum hās regiōnēs tenet.

2. Multi et diversi populī sub Imperiō Rōmānō vīvunt.

3. Imperātor in currū trahitur.

4. Imperātōrēs sōli "imperium" tenent.

5. Trajānus est Imperātor sapiēns, jūstus, benīgnus.

6. Sub imperātōribus Senātus Rōmānus parvam potestātem possidet.

7. Imperātor, nōn Senātus, jūdicēs et administrā-tōrēs summōs creat. Magnā ex parte hī magistrātūs ex gentibus opulentīs sunt.

8. Paucae gentēs pecūniam in Urbem fluentem possident.

9. Hi cīvēs divitēs multās rēs pretiōsās habent.

10. Hi cīvēs Rōmānī cum mercātōre Ārabicō cibum edunt et vīnum bibunt.

11. Serva aquam dōnat; conviva manūs lavat.

12. Ex omnī orbe ferunt mercātōrēs rēs mīrābilēs...

13. Graecī urnās imāginibus ōrnant . . .

14. Vestis purpurea sūmptuōsa est . . .

15. In mēnsā sunt vāsa aurea et argentea.

16. Rōmānī cēnantēs in cubitō accumbunt.

17. Cum Imperātōre dīvitēs templa aedificant et Rōmam pulchram reddunt.

18. Sed populus nōn in aedibus sūmptuōsīs sed in "insulīs" sordidis habitat.

19. Hi servi saccōs ex porticū ferunt.

20. Ex rē pūblicā accipiunt inopēs auxilium. Inopēs quaerunt rem nōn spem.

21. Ex administrātōre accipit inops frūmentum.

22. Alius magister pecūniam dōnat.

23. Frūmentātiōne et lūdis imperātōrēs populum indigentem continent. Juvenālis haec auxilia "pānem et circēnsēs" nōminat.

(No picture)

24. Rōmānī et Graecī multōs servōs possident.

25. Fortūna hās fēminās servās reddit.

26. Hic servus discipulōs docet; magister est.

27. Hic servus brācātus in hortō flōrēs colit.

28. In balneis spatiōsīs Rōmānī exercentur, lavantur, oleō unguuntur.

29. Hī servī in agrīs labōrant et ligna ferunt.

(No picture)

30. Fātum virum servum reddit. Cicerō ait, "Vītam regit Fortūna, nōn Sapientia."

31. Dea Diāna silvās et bēstiās cūrat.

32. Magnā ex parte hī dī et deae sunt ex religiōne Graecā.

33. Juppiter Optimus Maximus omnēs deōs regit.

34. Hōo tomporo, pauoi oivōo boni doōs antiquōs colunt.

35. Multi Rōmāni illitterāti sunt. Hic scrība epistulam prō illitterātō compōnit.

36. Hi civēs ōtiōsi recitātōrem audiunt.

37. Hic auctor est senātor.

38. Opera sua Latīnē recitat.

39. In scholīs discipulī litterās Graecās et Latīnās discunt.

40. Artēs Graecās, sculptūram, aedificia, litterās cōnservant Rōmānī.

41. Ēdictīs suīs Trajānus hoc ingēns Imperium jūstē regit.

42. Populus Rōmānus multa spectācula in Forō Magnō videt.

43. In Forō sunt arcūs, templa, porticūs, columnae, statuae.

44. In urbe hodiernā stat hic aquaeductus Rōmānus. Quantī et quot arcūs sunt!

45. Multās prōvinciās continet Imperium Rōmānum.

46. Ā Graecīs et Rōmānīs mundus occidentālis artēs, litterās, jūra habet. Sed Graecī inventōrēs, cōnservātōrēs Rōmānī.

(No picture)

Quaestiōnēs

1 Quālēs sunt īnsulae ubī habitant inopēs?
2 Quī frūmentum dōnant?
3 Quālēs hominēs in aedibus sūmptuōsīs habitant?
4 Quī prō dominīs suīs labōrant?
5 Quō locō Rōmānī sē lavant?
6 Ā quā deā silvae bēstiaeque cūrantur?
7 Quī ā Jove reguntur?
8 Ā quō opus recitātur?
9 Quās rēs continet Forum Rōmānum?
10 Suntne multae an paucae prōvinciae in Imperiō Rōmānō?
11 Quālēs litterās docet in scholā magister?
12 Estne magister servus an līber?

73

Sententiae

1 Ipsa scientia potestās est. Sir Francis Bacon (?)

2 Plumbum aurum fit. Petronius (adapted)

3 Nēmō . . . patriam quia magna est amat, sed quia sua. Seneca

4 Post calamitātem memoria alia est calamitās. Publilius Syrus

5 Ōscula, nōn oculī, sunt in amōre ducēs. Anonymous

6 Formōsa faciēs mūta commendātiō est. Publilius Syrus

7 Nōn est ad astra mollis ē terrīs via. Seneca

8 Famēs est optimus coquus. Anonymous

9 Nēmo malus fēlīx. Juvenal
   Nēmo is a poetical variant for *nēmō*.

10 Rēs est forma fugāx. Seneca

11 Habet Deus suās hōrās et morās. Anonymous

12 Nōbilitās sōla est atque ūnica virtūs. Juvenal

13 Senectūs ipsa est morbus. Terence

14 Nīl sub sōle novum. *Ecclesiastes*

15 Fortūria caeca est. Anonymous

16 Rēbus in hūmānīs Rēgina Pecūnia nauta est. Medieval

17 Amīcus vērus rāra avis. Medieval

18 Fortūna numquam perpetuō est bona. Burton

19 Montānī semper līberī. Motto of West Virginia

20 Patientia rāra virtūs. Anonymous

21 Dominus illūminātiō mea. Motto of Oxford University

22 Mors tua vīta mea. Anonymous

23 Nūlla terra exilium est sed altera patria. Seneca

24 Vāna est sine vīribus ira. Anonymous

25 Nūlla calamitās sōla. Anonymous

26 Vir bonus est animal rārum. Medieval

27 Est certum praesēns, sed sunt incerta futūra. Medieval

28 Sōla nōbilitās virtūs. Motto

29 Litterae sine mōribus vānae. Motto of University of Pennsylvania

30 Salūs pūblica suprēma lēx. Legal

31 Longum iter est per praecepta, breve et efficāx per exempla. Seneca

32 Maximum mīrāculum homō sapiēns. Hermes Trismegistus (?)

33 Optima medicīna temperantia est. Anonymous

34 Nōmen amīcitia est, nōmen ināne fidēs. Ovid

35 Varium et mūtābile semper fēmina. Vergil

36 Spīritus quidem prōmptus est, carō vērō īnfirma. New Testament

37 Victōria nātūrā est īnsolēns et superba. Cicero (adapted)

38 Dulce pōmum cum abest custōs. Anonymous

39 Necessitās . . . ultimum ac maximum tēlum est. Livy

40 Laudātur ab hīs, culpātur ab illīs. Horace

41 Nūllīs amor est sānābilis herbīs. Ovid

42 Malus bonum ubi sē simulat tunc est pessimus. Publilius Syrus

43 Post hoc, propter hoc. Commonplace

44 Crūdēlis est in rē adversā objūrgātiō. Publilius Syrus

45 Ūnus vir, nūllus vir. Medieval

46 Cum jocus est vērus, jocus est malus atque sevērus. Medieval

English Derivatives

AVIary
CONVIVial
COoK
CUBIT
EFFICACious
EPISTLE
EXILe
IMPEDe
INANE
MERChAnT
MIRACLe
MOLLIfy
MUNDane
MUTe

NAUTical
OCCIDENT
OPULENT
PACIfy
PLUMBer[1]
PRECEPT
PRECIOUS
RARe
SECULAr
SYLVAN (*Sylva* was a variant
   for *silva*.)
TERRestrial
VARIous
VIAduct

---

[1]The connection is that the early pipes were made of lead.

Vocabulary

abest: is absent
ac (variant of *atque*): and
accumbit: lies down, reclines
aedēs, aede, f: temple; (pl) rooms, house
aedificat: builds
aedificium-ō, n: building
ait (defective verb): says
argenteus-a-um: made of silver
atque (connector): and
aureus-a-um: made of gold, golden
balnea, balneīs, n: bath
benīgnus-a-um: kind
brācātus-a-um: wearing trousers
calamitās, calamitāte, f: disaster
carō, carne, f: flesh, meat
cēnat: dines
cibus-ō, m: food
circēnsis-e: pertaining to the Circus (the term here is an
    abbreviated form of *lūdī Circēnsēs*, "the Circus games")
convīva-ā, m&f: guest
coquus-ō, m: cook
cottīdiānus-a-um: daily
cubitus-ō, m: elbow
currus-ū, m: chariot
custōs, custōde, m: guard, watchman, guardian
discipulus-ō, m: student
dīves (adj, abl *divite*): rich
ēdictum-ō, n: decree, proclamation
edit: eats
efficāx (adj, abl *efficāci*): efficient
epistula-ā, f: letter
exercet: exercises (something or somebody); keeps someone
    busy; practices
fit: becomes, is made
formōsus-a-um: beautiful
frūmentātiō, frūmentātiōne, f: distribution of grain
frūmentum-ō, n: grain
gēns, gente, f: family
hodiernus-a-um: belonging to today, of today, modern

illūstrātiō, illūstrātiōne, f: vivid representation, filmstrip
imperātor, imperātōre, m: emperor, ruler, general
imperium-ō, n: empire, power
inānis-e: empty, useless
indigēns (adj, abl *indigenti*): poor
inops (adj, abl *inope*): poor, destitute
īnsula-ā, f: island, tenement, apartment house
Juppiter, Jove, m: Jupiter (note the spelling), Jove; chief
    Roman deity
Latīnē (adv): in Latin
lūdus-ō, m: game, play; place to exercise or study; school
magister, magistrō, m: teacher, official
magistrātus-ū, m: official
mercātor, mercātōre, m: merchant
mīrābilis-e: wonderful
mollis-e: soft, gentle, easy
mora-ā, f: delay
mundus-ō, m: world
mūtābilis-e: changeable, fickle
nātus-a-um: born (*Post Christum nātum* means "after Christ
    was born")
nauta-ā, m: sailor
nōmen, nōmine, n: name, noun
objūrgātiō, objūrgātiōne, f: scolding, criticism
occidentālis-e: western
oleum-ō, n: oil
opulentus-a-um: rich
ōtiōsus-a-um: relaxing, at leisure
pānis, pāne, m: bread
pessimus-a-um: worst
plumbum-ō, n: lead
pōmum-ō, n: fruit
pretiōsus-a-um: valuable, precious
purpureus-a-um: purple (this color, to the Romans, extended
    from dark blue to dark red)
quia (subordinating conj): because
quot (indeclinable adj): how many
saeculum-ō, n: generation of man (about 33 years); the longest
    span of human life (100 years)
sānābilis-e: curable
schola-ā, f: school

scrība-ā, m: scribe (one who writes what another dictates),
    clerk, official
senectūs, senectūte, f: old age
silva-ā, f: woods, forest
simulat: pretends
spatiōsus-a-um: large, spacious
spectāculum-ō, n: show
sūmptuōsus-a-um: luxurious
tunc (substitutor): then
unguit: rubs with oil
vērum-ō, n: truth (the abl *vērō* means "but," "in truth")
via-ā, f: road, path

UNIT 18

Probātiō

The origin of the Nile was one of the mysteries of antiquity and provoked many fanciful guesses. The Emperor Nero sent out two expeditions to try to find its source. It was thought by some that it started on Mt. Juba in Mauretania (modern Algeria and Morocco) and flowed underground to Ethiopia. Until the explorations of Alexander, some thought that it was a continuation of the Indus.

But there were also guesses which came closer to the truth. An early conjecture held that the annual flooding was due to melting snows. Ptolemy (first century A.D.) stated in his geography (1.9.3-4) that snows from the "Mountains of the Moon" created two lakes from each of which flowed a river. These rivers, uniting, formed the Nile. He thus seems to have correctly identified Lakes Victoria and Albert, the actual sources of the Nile.

In the following dialogue, the teacher is giving his student a test (*probātiō*). Be sure you are able to give these answers yourself. Following the dialogue, there will be questions on the same material that will require transformations.

Dē Orbe Rōmānō

Magister: Quid pingitur hāc in tabulā?

Discipulus: Est Eurōpa.

Mag.: Quō locō est nostra urbs Rōma?

Disc.: In Italiā.

Mag.: Estne Italia īnsula?

Disc.: Minimē; est paenīnsula.

Mag.: Quō modō differt paenīnsula dē insulā ipsā?

Disc.: Īnsula in mediō marī vel lacū est; paenīnsula autem paene aquā circumdata est; hāc rē nōn dīcitur "insula" sed "paenīnsula."

Mag.: Quō modō nōminātur haec paenīnsula magna?

Disc.: Nōmen est Hispānia.

M: Quā rē nōta est?

D: Hāc in regiōne inveniuntur multa metalla: aurum, argentum, aes, ferrum.

M: Suntne clārī virī Hispānicī?

D: Ita. Auctōrēs Mārtiālis et Seneca ex Hispāniā sunt.

M: Quō modō dīcitur haec paenīnsula?

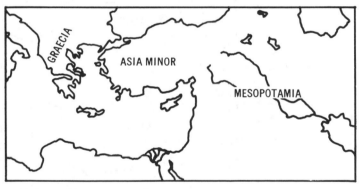

D: "Graecia" est nōmen Latīnum.

M: Quot urbēs in Graeciā maximē nōtae sunt?

D: Duae.

M: Quae sunt?

D: Athēnae et Sparta.

M: Quā in regiōne sitae sunt Athēnae?

D: In Atticā.

M: Et Sparta, quō locō est?

D: Est in Lacōniā.

M: Quae insula maxima est?

D: Sicilia.

M: Quā rē nōta est Sicilia?

D: Hōc locō pūgnābant[1] Graecī cum Pūnicīs et Pūnicī cum Rōmānīs.

M: In quā urbe habitābant[1] hī Pūnicī?

D: In urbe "Carthāgō" dictā.

M: Et haec paenīnsula magna, quō modō dicta est?

D: Nōmen est "Asia" vel "Asia Minor."

M: Quā rē dīcitur "Asia Minor"?

D: "Asia" quoque vocātur regiō ad flūmina Tigrim et Euphrātem extendēns.

M: Quī habitant in Asiā Minōre?

D: Multī populī, sed praecipuē Graecī.

M: Satis dē Asiā. Quid est flūmen maximum in hāc tabulā?

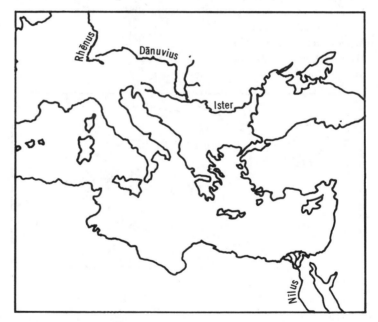

D: Maximum est Nīlus.

M: Per quam regiōnem fluit?

D: Per Aegyptum.

M: Quō ex locō orīginem capit?

D: Ut dīcit Ptolemaeus, vir sapiēns, sunt duo flūmina dīversa ex duōbus lacibus fluentia. Haec duo flūmina faciunt nostrum Nīlum.

---

[1]The signal {-bā-} before the ending of a verb indicates that the action took place in past time; for example, "The Greeks fought."

M: Quō modō mīrābile est hoc flūmen Nīlus?

D: Omnī annō crēscit, terrās inundat, deinde dēcrēscit.

M: Quid agit haec inundātiō?

D: Agrōs fertilēs facit.

M: At sī inundātiō dēficit, quid accidit?

D: Frūmentum nōn crēscit; est in Aegyptō famēs.

M: Et sī flūmen crēscit?

D: Sī aqua cōpiōsa est, fēlicitās.

M: Aegyptōs maximē adjuvat Nīlus. Dōnantne similī modō auxilium flūmina Eurōpaea?

D: Duo flūmina nōs adjuvant, sed modō dissimilī.

M: Quae auxilia dōnant?

D: Haec flūmina rem pūblicam contrā barbarōs custōdiunt.

M: Quae sunt haec flūmina?

D: Alterum Rhēnus, alterum Dānuvius vel Ister.

M: Dē Rhēnō, quā ex regiōne orīginem capit? Et quod in mare fluit?

D: Fluit ex Alpibus in Ōceanum Germānicum.

M: Sed quid dē Dānuviō? Quā rē est binōmine?

D: Pars superior dē Alpibus fluēns "Dānuvius," inferior "Ister" dīcitur.

M: Quod mare hās aquās accipit?

D: Pontus Euxīnus.

M: Bene dictum. Cōnfectum est opus tuum. Valē.[2]

D: Valē et[3] tū, magister.

Quaestiōnēs

1 In probātiōne, uter quaerit, magister an discipulus?
2 Et quid agit discipulus?
3 In quā paenīnsulā sunt multa metalla?
4 Quae maxima urbs est in Italiā?
5 In quā insulā pūgnābant Graecī cum Pūnicīs?
6 Quantum flūmen est Nīlus?
7 Quālēs sunt agrī sī Nīlus crēscit?
8 Quantum frūmentum in Aegyptō est sī Nīlus dēficit?
9 Quae duo flūmina Rōmānōs contrā barbarōs dēfendunt?
10 Quod in mare fluit Dānuvius?

---

[2]Command form to one person, meaning "Be healthy," used like our "Goodbye." *Tū* is nominative and means "you."
[3]When *et* does not connect equal things, it is an intensifier, like *etiam*.

Sententiae

1 Gutta cavat lapidem, cōnsūmitur ānulus ūsū,
   et teritur pressā vōmer aduncus humō. Ovid

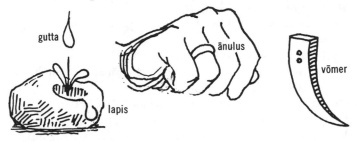

2 Struit īnsidiās lacrimīs cum fēmina plōrat. Dionysius Cato

3 Aspiciunt oculīs superī mortālia jūstīs. Ovid

4 In angustīs amīcī bonī appārent. Anonymous

5 Homō sōlitārius aut deus aut bēstia. Aristotle (translation)

6 Simul et dictum et factum. Anonymous

7 Ōtia corpus alunt; animus quoque pāscitur illīs. Ovid

8 Ōtium sine litterīs mors est. Seneca

9 Forma virōs neglēcta decet. Ovid

10 Dictum, factum. Terence (adapted)

11 Quī tenet anguillam per caudam nōn habet illam. Medieval

12 Nihil est . . . simul et inventum et perfectum. Cicero

13 Jūcundī āctī labōrēs. Cicero

14 Concordia rēs est in rēbus maximē adversīs ūtilis.
Anonymous

15 Saxum volūtum nōn obdūcitur muscō. Anonymous

16 Semel ēmissum volat irreparābile verbum. Horace

17 Fūmum fugiēns in ignem incidit. Medieval
In may be used with the accusative as well as the ablative;
when used with the accusative, it means "into."

18 Ex pede Herculem. Anonymous

19 Vēr nōn ūna diēs, nōn ūna redūcit hirundō. Anonymous

20 Fīnis corōnat opus. Medieval

21 Nūmen, lūmen. Motto of Wisconsin

22 Leōnem mortuum et catulī mordent. Medieval

23 Multa docet famēs. Anonymous

24 Jējūnus rārō stomachus vulgāria temnit. Horace

25 Deō juvante. Motto

26 Vincit omnia vēritās. Motto

27 Magna cīvitās magna sōlitūdō. Anonymous

28 Amor magister est optimus. Pliny (adapted)

29 In fugā foeda mors est; in victōriā, glōriōsa. Cicero

30 Aliud vīnum, aliud ēbrietās. Anonymous

31 Nēmō suā sorte contentus. Anonymous

32 Facile est imperium in bonīs. Plautus

33 Quis pauper? Avārus. Pseudo-Ausonius

34 Omne initium est difficile. Anonymous

35 Omnibus in rēbus gravis est inceptiō prīma. Anonymous

36 Nigrum in candida vertunt. Juvenal

37 Duce tempus eget. Lucan (adapted)

38 Nūlla diēs maerōre caret. Medieval

39 Dōtāta mulier virum regit. Anonymous

40 Multī enim sunt vocātī, paucī vērō ēlēctī. New Testament

41 Nōn sine causā sed sine fine laudātus. Anonymous

42 Ubī peccat aetās major, male discit minor. Publilius Syrus

43 Omnis instabilis et incerta fēlīcitās est. Seneca

44 Virtūs mille scūta. Motto

45 Mea anima est tamquam tabula rāsa. Renaissance

46 Sua multī āmittunt, cupidē dum aliēna appetunt. Anonymous

47 Jūs summum saepe summa est malitia. Terence

Carmina

From now on you will be given complete poems to read. They will necessarily be short at first, but as you learn more structures they will become longer. The first two poems are grave inscriptions.

Balnea, vīna, Venus corrumpunt corpora nostra.
Sed vītam faciunt balnea, vīna, Venus.

Haec est aeterna domus
et perpetua fēlicitās;
et dē omnibus meīs
hoc sōlum meum.

Terret, lūstrat, agit Prōserpina, Lūna, Diāna
ima, suprēma, ferās scēptrō, fulgōre, sagittā.
Anonymous

> In one of the earlier readings, a reference was made to
> Diana, who was goddess of the moon, goddess of the
> animals of the forest, and who was also identified with
> Proserpina, underworld goddess of the dead. This poem
> describes these three roles. To do this the poet has used
> three verbs, three subjects (different names for Diana),
> three objects, and three ablatives modifying the verbs.
> The prose order would be *Terret Prōserpina ima scēptrō*, etc.
> This playing with words is not intended as a joke; poets
> try to achieve special effects by different devices.

English Derivatives

APPeAR
APPARENT
CANDID[4]
CANDIDate[5]
CONSUMe
CORRUPT
DECENT
ETERNAl
FERal
efFULGent
FUMigate
INITIal
ilLUSTRATe

MINIMize
MINIMUM
OTIose
eRASe
SCEPTRe
SOLO
conSTRUct
TABLet
TRITe
USe
UTILIty
VULGAR

---

[4]Whatever is white cannot conceal dirt; therefore the Latin word *candidus* meant not only
"white" but "pure," "honest," "open," "frank," etc.
[5]In Rome a candidate dressed in white clothes.

Vocabulary

aduncus-a-um: curved
aes, aere, n: bronze
aeternus-a-um: eternal, everlasting
anguilla-ā, f: eel
ānulus-ō, m: ring
argentum-ō, n: silver
binōminis-e: having two names
candidus-a-um: white
catulus-ō, m: puppy; young of animals
circumdatus-a-um: surrounded
cīvitās, cīvitāte, f: citizenship, state, city
clārus-a-um: famous
cōpiōsus-a-um: plentiful
cupidus-a-um: greedy, desiring (in both good and bad sense)
decet: becomes, suits
Diāna-ā, f (also, variant *Diāna*): Latin name of Greek goddess
    Artemis. Had threefold function as goddess of the woods,
    the moon, and the underworld.
differt: is different from, differs
dōtat: furnishes a woman with a dowry for marriage
ēmittit: lets go
fera-ā, f: wild beast
fīnis-e, m: end; boundary of a country; territory
foedus-a-um: disgraceful, disgusting
fulgor, fulgōre, m: brightness, splendor
habitat: lives in, inhabits
humus-ō, f: ground, soil
īmus-a-um: lowest
incidit: falls into (*in* plus *cadit*)
irreparābilis-e: cannot be recovered
ita (substitutor): in this way (often used as answer to a
    question to indicate agreement, like the English "Yes")
jūcundus-a-um: pleasant
lūstrat: makes bright
maeror, maerōre, m: sorrow
major, majus: larger; (of people) older
mille (indeclinable adj): thousand
minor, minus: smaller; (of people) younger
muscus-ō, m: moss

neque . . . neque (variant of *nec . . . nec*): neither . . . nor
obdūcit: covers
ōtium, ōtiō, n: leisure
peccat: makes a mistake, sins
pingit: paints, draws, describes
praecipuē (adv): particularly, especially
probātiō, probātiōne, f: test
Pūnicus-a-um: Carthaginian, Punic
quot (indeclinable adj) · how many
sagitta-ā, f: arrow
saxum-ō, n: stone, rock
situs-a-um: located
sōlus-a-um: alone
struit: prepares, builds
superī, superīs, m: the gods, those above
suprēmus-a-um: highest
tabula-ā, f: map
tamquam (subordinating conj): as if
temnit: despises (the simple verb is poetical and rare; the
    common verb is *contemnit*, from whose past participle,
    contemptus, we get the word "contempt")
terit: wears away
ūtilis-e: useful
valet: is strong, is well, is healthy
volvit (participle, *volūtus*): rolls (transitive)
vōmer, vōmere, m: plowshare
vulgāris-e: common; (as neuter noun) common thing

UNIT 19

Probātiō

The quiz on geography continues.

Dē Italiā

Magister: Quid pingitur hāc in tabulā?

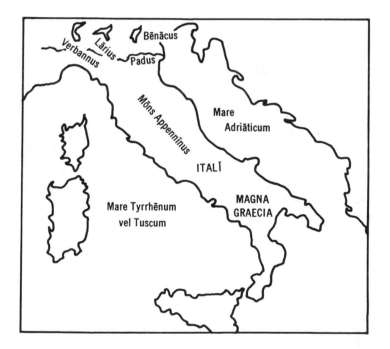

Discipulus: Italiam haec tabula dēscrībit.
Mag.: Quālis terra Italia est?
Disc.: Hāc in paenīnsulā, magister, sunt montēs magnī.
M: Quot montēs sunt?
D: Duo.

M: Quī sunt hī duo montēs?

D: Maximī sunt Alpēs.
M: Alpēs, quā in regiōne sunt?
D: In Italiā superiōre.
M: Quō modō nōs adjuvant hī montēs?
D: Contrā hostēs nostrōs Italiam bene dēfendunt.
M: Quot lacūs in Alpibus sunt?
D: Trēs magnī pulchrīque.
M: Quae sunt nōmina?
D: Verbannus, Lārius, Bēnācus.[1]

Italian Government Travel Office

[1]The modern Italian names are Lago Maggiore, Lago di Como, Lago di Garda.

91

M: Quī ibī habitant?

D: Villās in ōrīs habent multī Rōmānī dīvitēs.

M: Quid est alius mōns?

D: Est Appennīnus, quī paene tōtam Italiam occupat.

M: Estne nūlla plānitiēs?

D: Intrā Alpēs et Appennīnum est plānitiēs quae magna et fertilis est.

M: In hāc plānitiē quod flūmen est?

D: Padus, quī fluit ab Alpibus in Mare Adriāticum.

M: Quot alia magna flūmina sunt?

D: Magister, Italia habet pauca flūmina magna. Est autem flūmen bene nōtum, quod per Rōmam ipsam fluit, Tiberis nōmine.

Ewing Galloway

M: In quod mare fluit Tiberis?

D: In Mare Tyrrhēnum vel Tuscum.

M: Est mare binōmine. Quā rē?

D: "Tyrrhēnus" et "Tuscus" sunt aliae vōcēs prō "Etruscus."

M: Quā regiōne habitābant² Etruscī?

D: Saeculō sextō ante Christum nātum possidēbant² maximam partem Italiae.³

M: Quī illō tempore aliās regēbant² partēs Italiae?

D: Mediam tenēbant² populī variī, quī "Italī" vocābantur.²

M: Et in parte īnferiōre, quī habitābant?

---

²The signal {-bā-} before the ending of a verb indicates that the action took place in past time; for example, "Where did the Etruscans live?"
³*Italiae* is a case which has not yet appeared in *Latin: Level One*. *Italiae* modifies *pars*; therefore, *pars Italiae* means "part of Italy."

D: Graecī multī. Ex hāc rē dīcēbātur haec terra "Magna Graecia."
M: Satis est, discipule; valē.
D: Grātiās,[4] magister; valē et tū.[5]

Quaestiōnēs

1 Quam paenīnsulam videt discipulus in tabulā?
2 Quibus in montibus sunt lacūs Verbannus, Lārius, Bēnācus?
3 Quī mōns mediam Italiam occupat?
4 Per quam urbem fluit Tiberis?
5 Quod mare accipit Tiberim flūmen?
6 Quae duae vōcēs quoque sīgnificant "Etruscus"?
7 Quō tempore rēgnābant Etruscī?
8 Ā quibus tenēbātur Italia īnferior?
9 Quō locō est Magna Graecia?

Sententiae

1 Nōn bene flat flammam quī continet ōre farīnam. Medieval

2 Fēlīciter sapit quī perīculō aliēnō sapit. Plautus

3 Īrācundiam quī vincit, hostem superat maximum. Publilius Syrus

4 Nōn omnēs quī habent citharam sunt citharoedī. Varro

5 Improbē Neptūnum accūsat quī iterum naufrāgium facit. Publilius Syrus

6 Quod in nāvī gubernātor, quod in currū agitātor, quod in chorō praeceptor, quod dēnique lēx in cīvitāte et dux in exercitū, hoc Deus est in mundō. Aristotle (translation)

7 Sē damnat jūdex, innocentem quī opprimit. Publilius Syrus

---

[4]*Grātiās agit* means, "He gives thanks." *Grātiās* by itself, with no verb, is a short way of saying "I give thanks," like our "Thanks very much."
[5]For *Valē et tū*, see *Probātiō* in Unit 18.

8 Male sēcum agit aeger, medicum quī hērēdem facit. Publilius Syrus

9 Thēsaurum in sepulchrō pōnit, quī senem hērēdem facit. Publilius Syrus

10 Spīna etiam grāta est, ex quā spectātur rosa. Publilius Syrus

11 Ubī jūdicat quī accūsat, vīs, nōn lēx, valet. Publilius Syrus

12 Peric'la timidus etiam quae nōn sunt videt. Publilius Syrus

13 Quot campō leporēs, tot sunt in amōre dolōrēs. Medieval

14 Damnant quod nōn intellegunt. Anonymous

15 Quī fugit molam, fugit farīnam. Anonymous

16 Stultus nīl cēlat : quod habet sub corde revēlat. Medieval

17 Vespere prōmittunt multī quod māne recūsant. Medieval

18 Occāsiō aegrē offertur, facile āmittitur. Publilius Syrus
Facile is the neuter accusative used adverbially, meaning "easily."

19 Eget semper quī avārus est. St. Jerome

20 Nōn mē dērīdet quī sua facta videt. Anonymous

21 Quot capita, tot sententiae. Anonymous

22 Nīl agit exemplum lītem quod līte resolvit. Horace

23 Quam est fēlix vīta quae sine odiīs trānsit! Publilius Syrus

24 Nōn bene olet quī bene semper olet. Martial

25 Crēscit avāritia quantum crēscit tua gaza. Medieval
Quantum is an adverbial use of the accusative, meaning "as much as."

26 Quod vērum, tūtum. Anonymous

27 Quī capit uxōrem, lītem capit atque dolōrem. Medieval

28 Omnia . . . habet quī nihil concupīscit. Valerius Maximus

29 Male agitur cum dominō quem vīlicus docet. Anonymous

30 Quidquid fit cum virtūte, fit cum glōriā. Publilius Syrus

31 Sub nive quod tegitur, dum nix perit, omne vidētur. Medieval

32 Nec temere nec timidē. Motto

33 Nōn est vir fortis ac strēnuus quī labōrem fugit. Seneca

34 Quālis dominus, tālis et servus. Petronius
   Quālis, besides being an interrogative pronoun, may also
   be a relative pronoun meaning "such a sort as." *Tālis* can
   be the answer to *quālis* in a question. *"Quālis est?"*
   "Tālis est." "What sort is it?" "It's this sort."

35 Fēlix, quem faciunt aliēna perīcula cautum. Medieval

36 Quem amat, amat; quem nōn amat, nōn amat. Petronius

37 Nōn omnis quī sapiēns dicitur sapiēns est, sed quī discit et
retinet sapientiam. Petrus Alphonsus

38 Quī capit, capitur. Anonymous

39 Nēmō malus quī nōn stultus. Burton

40 Citō fit, quod dī volunt. Petronius

41 Semper inops quīcumque cupit. Claudian

42 Dat virtūs quod forma negat. Motto

43 Nēmō mē impūne lacessit. Motto

44 Quī parcē sēminat, parcē et metit. New Testament

45 Quī sua perpendit, mea crīmina nōn reprehendit. Medieval

46 Ōs, oculus, vultus prōdunt quod cor gerit intus. Medieval

47 Quod in juventūte nōn discitur, in mātūrā aetāte nescītur. Cassiodorus

48 Bonum quod est supprimitur, numquam exstinguitur. Publilius Syrus

Carmina

Dum patriam laudat, damnat dum Poggius hostem,
    nec malus est cīvis nec bonus historicus. Sannazaro

> *Poggius* is the Latinized form of the name of Poggio Bracciolini, one of the most famous of classical scholars, born near Florence in 1380. To him we owe the preservation of many Latin authors, whose manuscripts he discovered in forgotten corners of monasteries. Sannazaro, another Renaissance scholar, lived a generation after Bracciolini.

> *Nec* is a variant form of *neque.*

Tot sunt doctōrēs quot vernō tempore flōrēs;
tot sunt errōrēs quot habet nātūra colōrēs. Medieval

"Trigintā tōtō mala sunt epigrammata librō."
    Sī totidem bona sunt, Lause, bonus liber est. Martial

Smyrna, Chios, Colophōn, Salamis, Rhodos, Argos, Athēnae,
orbis dē patriā certat, Homēre, tuā. Anonymous

We know nothing about the personal life of the famous
poet Homer. In fact, there is even some doubt whether the
same person wrote both the *Iliad* and the *Odyssey*. In the
poem above, there is just one difficulty. How many places
claim that Homer belongs to them? If you think the
answer is seven, count again. A hint: don't include just the
proper names.

English Derivatives

DERIDE   SPECTAtor
inFLAte   SPINe
LARGe   UXORIous
NIVAL   VERNal
disSEMINATc   VESPERs
SEPULCHRe

97

Vocabulary

aegrē (adv of *aeger*): with difficulty
agitātor, agitātōre, m: driver
campus-ō, m: field
caput, capite, n: head, person
certat: contends, vies
cithara-ā, f: lyre, musical instrument with strings
citharoedus-ō, m: one who plays on a lyre
concupīscit: desires greatly
dēnique (sentence connector): finally
epigramma, epigrammate, n: short poem
farīna-ā, f: flour
flat: blows
gubernātor, gubernātōre, m: steersman, helmsman
habitat: dwells, lives
hērēs, hērēde, m & f: heir
improbus-a-um: wicked, wrong
impūne (abl of defective noun): without punishment
īnferior, īnferius (abl *īnferiōre*): lower
intrā (prep w acc): between, within, among
intus (substitutor): inside, within
jactat: throws about, brandishes, boasts
lacessit: attacks, challenges
lepus, lepore, m: rabbit
liber, librō, m: book
māne (indecl noun): morning
mātūrus-a-um: ripe; mature
metit: reaps
mola-ā, f: mill
mōns, monte, m: mountain, mountain range
naufragium-ō, n: shipwreck
Neptūnus-ō, m: Neptune, sea god
nescit: does not know
nimis (indecl adj): too much
nix, nive, f: snow
parcus-a-um: thrifty, economical; stingy
perpendit: weighs, evaluates
praeceptor, praeceptōre, m: leader, teacher
prōdit: betrays, reveals
prōmittit: promises

quandō (subordinating conj): when
quīcumque, quaecumque, quodcumque: whosoever, whatsoever
quisquis, quidquid: whatsoever
quot (indecl relative pronoun): however many
sēminat: sows
senex, sene, m: old man
sepulchrum-ō, n: tomb, grave
spīna-ā, f: thorn
superat: overcomes
superior, superius (abl *superiōre*): upper, higher, superior,
    stronger
temere (adv with final *e* irregularly short): rashly
tot (indecl adj corresponding to *quot*): so many
totidem (indecl adj): the same number, just as many
trigintā (indecl adj): thirty
uxor, uxōre, f: wife
varius-a-um: different
vernus-a-um: belonging to springtime
vesper, vespere, m (defective noun): evening
vīlicus-ō, m: one placed in charge of farm by owner; foreman

UNIT 20

Fābella

The name of Hercules is familiar to all. He was the greatest of all Greek heroes. To educated Romans, Hercules and his mythical labors were a symbol of the suffering of mankind. Hercules took upon himself great burdens, triumphed, and after a horrible death, became a god. The worship of Hercules was popular in Rome during the reign of Augustus. It is easy to see why the Romans saw a parallel: Augustus, too, had taken upon himself the enormous burden of ruling the world.

Students frequently become confused when they read an account of some mythological person which is different from the one they know. It may seem too obvious to mention, but these stories are myths, not history, and there are sometimes many versions of them. Local heroes were identified with Hercules and their deeds were exaggerated accordingly. The ancients recognized that the feats attributed to Hercules were too many for any one man to have accomplished. To account for this, one ancient authority distinguished between three different heroes named Hercules; Cicero identified six, and other writers still more, up to forty-three!

In the best known version, Hercules was the son of Jupiter and Alcmena. But the wife of Jupiter was Juno, and an explanation of the birth of Hercules is necessary to the understanding of his life.

The Greek Zeus was the god of the sky, wielder of the thunderbolt, and supreme ruler of gods and men. Other ancient peoples had similar gods, and with the spread of Greek civilization, each local sky god became identified with Zeus. But here a difficulty arose. This local sky god (we will call him X) had a goddess wife named Y and a hero son or god named Z. The wife of the Greek Zeus was Hera, who bore him various children, depending on which author we follow.

100

But the sky god X, who was now equated with Zeus, had a different family (wife Y and son Z). In order for this family, and especially the son Z, to claim descent from Zeus, it was necessary to assume a love affair between Zeus and the goddess Y, mother of the hero or god Z.

Consequently Zeus, whose Roman counterpart was Jupiter, was represented as having an incredible number of adulterous relationships. The Greeks soon ceased to believe literally in their myths, and Hera (the Roman Juno) often became a jealous, nagging wife. Mythology frequently descended to low comedy. The paradox thus arose that the ruler of gods and men was sometimes represented as a silly, wandering husband, trying to escape his furious wife.

In spite of all this, however, the educated Romans regarded Jupiter as a symbol of the Supreme Being. The lesser gods and goddesses were also symbols of life and nature. Minerva (Greek Athena) was the goddess of wisdom and human skills; Venus (Greek Aphrodite) represented the reproductive force in nature, and so on. The Romans would often choose a god for special worship. For example, the Emperor Augustus worshipped Apollo, the god of fine arts, medicine, poetry, and intellectual pursuits in general.

This lengthy introduction is necessary to explain the life of Hercules. Juno hated him because he was the son of Jupiter by Alcmena who had borne twins: Hercules by Jupiter and Iphicles by her husband Amphitryon. Strange as it may seem to us, Amphitryon was proud that his wife had so distinguished a lover; in fact, he reared Hercules and acted as his father.

Jūnō Perīc'la Herculī Īnfantī Mittit

Duo frātrēs īnfantēs dormiunt. Sed Herculēs in scūtō jacet. Scūtum est locus aptus Herculī fortī!

Ecce! Veniunt duae vīperae ā Jūnōne missae. Rēpunt ad scūtum ubī jacet Herculēs. Quantum perīc'lum īnfantī dormientī! Ē somnō excitātus rapit ille hās anguēs, fortiter premit, hōc modō eās necat.

Frāter Iphiclēs, autem, territus magnā vōce clāmat, parentēs suōs excitat. Pater, lūmen portāns, et māter Herculī et Iphiclī timent, filiōs quaerunt. Subitō vident Herculem cum vīperīs mortuīs.

Cūr clāmat noster Iphiclēs?

Nostrī īnfantēs jam salvī sunt.

Sed Jūnō īrāta multa alia perīc'la Herculī mittet.[1]

Quaestiōnēs

1 Uter īnfāns in scūtō dormit, Iphiclēs an Herculēs?
2 Quem īnfantem tenet scūtum?

---

[1]*mittet:* will send

3 Quis anguēs mittit?
4 Quem petunt hae vīperae?
5 Uter īnfāns timōre excitātus clāmat?
6 Uter īnfāns fortiter agit?
7 Quibus membrīs Herculēs anguēs necat?
8 Quibus timent pater māterque?
9 Ā quō fertur lūmen?
10 Quī salvī sunt?
11 Quī mortuī sunt?

Sententiae

1 Suum cuique pulchrum est. Cicero

2 Mortuō leōnī et leporēs īnsultant. Anonymous

3 Fortī et fidēlī nihil difficile. Motto

4 Rēgī et patriae fidēlis. Motto

5 Cui Fortūna favet multōs amīcōs habet. Anonymous

6 Homō hominī aut deus aut lupus. Erasmus

7 Inopiae dēsunt multa; avāritiae omnia. Publilius Syrus

8 Taciturnitās stultō hominī prō sapientiā est. Publilius Syrus

9 Formīcae grāta est formīca, cicāda cicādae. Theocritus (translation)

10 Rēx est quī metuit nihil,
   rēx est quīque cupit nihil;
   hoc rēgnum sibi quisque dat. Seneca

11 Nīl hominī certum est. Ovid

12 Neque enim omnia Deus hominī facit. Seneca

13 Nūlla fidēs inopī. Ausonius

14 Nihil difficile amantī. Cicero

15 Nihil . . . semper flōret : aetās succēdit aetātī. Cicero

16 Stat sua cuique diēs. Vergil
Each Roman had his *diēs nātālis*, the day on which he was born, and his *diēs mortālis*, the day on which he was destined to die.

17 Deō fidēlis et Rēgī. Motto

18 Īra perit subitō quam gignit amīcus amīcō. Medieval

19 Etiam īnstantī laesa repūgnat ovis. Propertius

20 Vulgōque vēritās jam attribūta vīnō est. Pliny

21 Summa sēdēs nōn capit duōs. Anonymous

22 Quid caecō cum speculō? Medieval

23 Omne solum fortī patria est. Ovid

24 Meus mihi, suus cuique est cārus. Plautus

25 Tam dēest avārō quod habet quam quod nōn habet. Publilius Syrus
tam . . . quam: as much . . . as

26 Fortūnātō omne solum patria est. Anonymous

27 Adulātiō quam similis est amīcitiae! Seneca

28 Nūllus agentī diēs longus est. Seneca

29 Nil agentī diēs longus est. Seneca (?)
Note the difference between this sentence and the preceding one. This sentence cannot be found in Seneca; it may be a misquotation of the other.

30 Cinerī glōria sēra venit. Martial

31 Magnās inter opēs inops. Horace

32 Nūllī est hominī perpetuum bonum. Plautus
A small number of adjectives like *nūllus* have a dative in *-ī*.

33 Dictum sapientī sat est. Plautus

34 Quot hominēs, tot sententiae; suus cuique mōs. Terence

35 Sērō dat quī rogantī dat. Anonymous

36 Mendācī, neque cum vēra dīcit, crēditur. Cicero (adapted)

37 Cui dēest pecūnia, huic dēsunt omnia. Anonymous

38 Nūdum latrō trānsmittit; etiam in obsessā viā pauperī pāx est. Seneca (?)

39 Cuivīs dolōrī remedium est patientia. Publilius Syrus

40 Aliēnum aes hominī ingenuō est servitūs. Publilius Syrus

41 Quod nimis miserī volunt, hoc facile crēdunt. Seneca

42 Et latrō et cautus praecingitur ēnse viātor,
ille sed īnsidiās, hic sibi portat opem. Ovid

43 Suī cuique mōrēs fingunt fortūnam. Cornelius Nepos

44 Frēnōs impōnit linguae cōnscientia. Publilius Syrus

45 Nōn mihi sapit quī sermōne sed quī factīs sapit. Burton
Sometimes, as here, *mihi* means, "as far as I am concerned."

46 Invidus omnis abest, sī prosperitās tibi nōn est. Anonymous

47 Saepe subit poenās, ōrī quī nōn dat habēnās. Medieval

48 Necessitātī quī sē accommodat sapit. Anonymous

Carmina

Dum mea bursa sonat, hospes mihī fercula dōnat;
dum mea bursa vacat, hospes mihī fercula nōn dat. Medieval

Rūmor rūmōrēs, errōrēs parturit error,
    ut nivis exiguus crēscit eundō globus. Owen

> *Eundō* is a special form of the verb that we call the
> "gerund," and it means "by going," or in this context, "by
> rolling."

English Derivatives

BURSitis	FORMIC acid
BURSAr	GLOBe
exCLUDe	MENDACious
inCLUDe	ORATOR
FICTion	SUCCeED

Vocabulary

adulātiō, adulātiōne, f: flattery
aptus-a-um (w dat): fit for, suitable for
bursa-ā, f: purse
cicāda-ā, f: cricket
crēdit: trusts (w acc of thing you entrust and dat of person
    you entrust it to)
dēest (w dat): is lacking
ēnsis, ēnse, m: sword
exiguus-a-um: small
fingit (participle *fictus*): makes up
flōret: flourishes, blooms
formīca-ā, f: ant
fortūnātus-a-um: blessed by fortune
frēnī-īs, m pl: bridle, bit
habēna-ā, f: reins
hospes, hospite, m&f: host; guest
ingenuus-a-um: free-born

inopia-ā, f: poverty, destitution
instat: threatens
insultat (w complement in dat): dances upon, insults
mendāx (adj, abl mendāce): lying; (as noun) liar
obsidet (participle obsessus): besieges
parturit: creates
praecingit: puts around oneself, girds
quisque, quaeque, quidque: each one, each person, everybody
quivīs, quaevīs, quodvīs (relative, plus vis, the second person
    of vult): whoever you wish, anybody at all
rēpit: crawls
repūgnat: fights back, fights against (w complement in dat)
salvus-a-um: safe
sēdēs-e, f: place to sit, seat, throne, place to live, home,
    habitation
servitūs, servitūte, f: slavery
solum-ō, n: soil, country
speculum-ō, n: mirror
subit: undergoes, suffers
subitus-a-um: sudden (neuter abl, subitō, means "suddenly")
succēdit (w complement in dat): follows after, succeeds,
    follows
taciturnitās, taciturnitatis, f: quietness
viātor, viatōre, m: traveller

UNIT 21

Fābella

The following is a short explanation about Eurystheus, a prominent person in the life of Hercules.

Alcmena and the mother of Eurystheus, named Nicippe, were pregnant at the same time. Jupiter had decreed that whichever child was born first should have complete control over the other. Juno, who was goddess of childbirth, caused Nicippe to give birth after only a seven-month pregnancy. Therefore Eurystheus was two months the senior of Hercules. When the young men grew to manhood, Eurystheus, son of Nicippe, became King of Argos and Mycenae, cities of the Peloponnesus.

Jealous of Hercules and hopeful of eliminating such a formidable rival, Eurystheus ordered him to come to Mycenae and carry out his commands. Hercules refused, whereupon Juno caused him to go mad, and in a fit of insanity he killed his own children. When he recovered, he consulted the oracle of Apollo at Delphi, where he was told that he must serve Eurystheus for twelve years, and that after this and other labors he would become a god. Yielding to his fate, Hercules went to Mycenae and presented himself to King Eurystheus for service.

Dē Labōribus Herculeīs

Contrā voluntātem suam Herculēs Eurystheō servit. Rēx Herculī duodecim (XII) labōrēs imperat. "Hic est tibī prīmus labor. In silvā Nemeā proximā Mycēnīs est leō quī hominibus et bēstiīs nocet. Agrī omnēs dēvāstātī sunt. Vītae suae timent agricolae. Necā[1] mihi hunc leōnem Nemeaeum!"

---
[1]Command form of verb (to one person).

Facit Herculēs iter ad hanc silvam, quae dīcitur "Nemea."
Celeriter leōnem invenit, arcum intendit, sagittās mittit.

Sed quia pellis leōnīna maximē dūra est, illae leōnī Nemeaeō
nōn nocent. Fūstem suum, quem semper sēcum fert, rapit
hērōs et bēstiam pulsat.

Ille ad cavernam suam fugit.

Herculēs quoque cavernam intrat et post certāmen breve in
aditū leōnem strangulat.

Umerīs suīs impōnit bēstiam mortuam et ad Eurystheum redit.
"Prīmus labor ā mē cōnfectus est" inquit. "Leō Nemeaeus
mortuus est. Quid est secundus labor?"

109

Hic successus Eurystheō nōn placet, quī tantā fortitūdine perterritus est. "Necā[2] mihi Hydram Lernaeam." "Dictum, factum," respondet Herculēs.

Lerna est lacus Mycēnīs proximus, in quō habitat mōnstrum mīrābile, septem (VII) capita habēns. Hērōs, jam semper pelle leōnīnā vestītus, ad hunc lacum contendit cum amīcō Īolāō. Sine morā Hydram sagittīs premit, sed pellis similis pellī leōnīnō est.

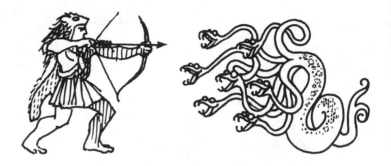

Ergō magnō ictū ūnum caput dē septem excutit. Sed frūstrā! Jam crēscunt duo quidem capita prō capite singulō.

Īolāus autem Herculī beneficium dat. Ignem facit, ferrum fervefacit, et hōc ferrō fervidō vulnera ūrit.

Ex quō factō capita nōn jam crēscunt, mōnstrum necātur, noster hērōs Herculēs iterum victor est.

---

[2]Command form of verb (to one person).

110

Tertiō in labōre Herculēs cervum, quī cornua aurea gerit et celeritāte incrēdibilī currit, captat.

Tōtō annō premit cervum vir; tandem bēstiam foveā capit, quam vīvam ad rēgem dūcit.

Similēs tertiō sunt labōrēs quārtus, sextus, septimus. In hīs capit animālia quae hominibus nocent. In quārtō capit aprum ferōcem; in sextō, avēs quae hominēs necant; in septimō, equās quae carnem hūmānam edunt.

Quīntō labōre autem Herculēs stabula quae rēx Augēās possidet pūrgat. Hoc opus difficile mente, nōn manibus, cōnficit. Nam ē cursū flūmen Alpheum dīvertit per stabula, quae hōc modō pūrgāta sunt.

Quaestiōnēs

1 Quōs laedit leō Nemeaeus?
2 Quō īnstrūmentō pulsat Herculēs leōnem?
3 Quālis pellis Herculem vestit?
4 Quālem pellem possidet Hydra?
5 Quis Herculem contrā Hydram adjuvat?
6 Quem in locum cadit cervus?
7 Quae animālia carnem hūmānam edunt?
8 Quō auxiliō Herculēs stabula sordida pūrgat?
9 Hāc in fābulā quot labōrēs cōnficit Herculēs?

Sententiae

1 Mors omnibus īnstat. Grave inscription

2 Sōlitūdō placet Mūsīs, urbs est inimīca poētīs. Petrarch (?)

3 Sōl omnibus lūcet. Petronius

4 Deus omnia nōn dat omnibus. Medieval

5 Suus rēx rēgīnae placet. Plautus

6 Flamma fūmō est proxima. Plautus

7 Commūne naufragium omnibus est cōnsōlātiō. Anonymous

8 Pūris omnia pūra. New Testament

9 Flūmen cōnfūsum reddit piscantibus ūsum. Medieval

10 Alia aliīs placent. Anonymous

11 Est puerīs cārus quī nōn est doctor amārus. Medieval

12 Fortibus est fortūna virīs data. Ennius

13 Nihil amantibus dūrum est. St. Jerome

14 Maximō peric'lō custōditur quod multīs placet. Publilius Syrus

15 Vīs lēgibus inimīca. Legal

16 Vīcīna sunt vitia virtūtibus. St. Jerome

17 Deus superbīs resistit; humilibus autem dat grātiam. New Testament

18 Immodicīs brevis est aetās et rāra senectūs. Martial
    Immodicus means "not according to the usual standards."
    Although the sentence might be interpreted to mean that
    life is short for those whose conduct is immoderate, in the
    context it means that life is short for people who are
    exceptionally talented.

19 Nōn nōbīs sōlum. Motto

112

20 Jūstitia omnibus. Motto of the District of Columbia

21 Fortūna favet fatuīs. Anonymous

22 Deō, patriae, amīcīs. Motto

23 Aliud aliīs vidētur optimum. Cicero(?)

24 Illa placet tellūs in quā rēs parva beātum mē facit. Martial

25 Quod cibus est aliīs, aliīs est ācre venēnum. Anonymous

26 Quī culpae ignōscit ūnī, suādet plūribus. Publilius Syrus
Ūnus, like *nūllus*, has the dative singular in *-ī.*

27 Ingrāta sunt beneficia, quibus comes est metus.
Publilius Syrus

28   Omnis enim rēs,
    virtūs, fāma, decus, dīvīna hūmānaque pulchrīs
    dīvitiīs pārent. Horace

29 Quisquis in vītā suā parcntēs colit, hic et vīvus et dēfūnctus
deīs est cārus. Stobaeus (translation)

30 Nē Juppiter quidem omnibus placet. Theognis
(translation)

31 Quod suāve est aliīs, aliis est amārum. Anonymous

32 Post naufragium maria temptantur. Anonymous

33 Longē fugit quisquis suōs fugit. Petronius

34 Imperat aut servit collēcta pecūnia cuique. Horace

35 Quālis vir, tālis ōrātiō. Anonymous

36 In tālī tālēs capiuntur flūmine piscēs. Medieval

37 Quī tōtum vult, tōtum perdit. Anonymous

38 Quālis pater, tālis filius. Anonymous

39   Aequore quot piscēs, fronde teguntur avēs,
quot caelum stēllās, tot habet tua Rōma puellās. Ovid

40 Quī genus jactat suum, aliēna laudat. Seneca

41 Quot servī tot hostēs. Festus (?)

42 Sapiēns quī prōspicit. Motto of Malvern College

Carmina

Quod tam grande "Sophōs" clāmat tibi turba togāta,
    nōn tū, Pompōnī, cēna diserta tua est. Martial

Quadrantem Crispus tabulīs, Faustīne, suprēmīs
    nōn dedit uxōrī. "Cui dedit ergō?" Sibī. Martial

We would say "He didn't leave her a nickel."
Tabulae suprēmae: the last tablets, namely, one's last will.

English Derivatives

ACRImonious	PERDItion
BEATitudes	conSTELLAtion
CORNUcopia	perSUADE
DEFUNCT	proTECT
DURable	VICINIty
FATUous	VOLUNTAry

Vocabulary

ācer, ācris, ācre: sharp, keen, cruel
aequor, aequore, n: flat place, plain, sea
amārus-a-um: bitter, unpleasant
autem (sentence connector): and, but, however
beātus-a-um: happy, prosperous, rich

114

captat: hunts, pursues
cārus-a-um: dear
cēna-ā, f: formal dinner
certāmen, certāmine, n: struggle
cervus-ō, m: deer, stag
contendit: hastens
cornū, cornū, n: horn, antler
cursus-ū, m: running
decus, decore, n: ornament, honor
dēfūnctus-a-um: dead
disertus-a-um: learned
dūrus-a-um: difficult, tough
equa-ā, f: mare
ergō: therefore
excutit: knocks off, strikes away
fatuus-a-um: foolish
favet (w complement in dat): favors, shows favor to
ferōx (adj, abl *ferōce*): fierce
fervefacit: heats
fervidus-a-um: hot
frōns, fronde, f: leafy branch
fūstis-e, m: club
Herculeus-a-um: belonging to Hercules
hērōs, hērōe, m: hero, demi-god
humilis-e: humble, low, low-lying
īgnōscit (w complement in dat): forgives, pardons
inimīcus-a-um: unfriendly, hostile
īnstat (w complement in dat): threatens
intendit: stretches
intrat: enters
jactat: brags about, boasts about
lūcet: shines
mīrābilis-e: wonderful
Mūsa-ā, f: Muse (one of the divinities who presided over the
    various arts)
nē . . . quidem (intensifying negator): not even
pāret (w complement in dat): obeys
pellis, pelle, f: skin, hide
perdit: loses
piscāns (participle, abl *piscante*): one who is fishing
plūrēs, plūra: more

115

prōspicit: looks ahead, sees into the future
pulsat: strikes, kicks, knocks
pūrgat: cleans
quadrāns, quadrante, m: one-fourth; a very small coin
quod: because
reddit: gives, furnishes
septem (indecl adj): seven
singulus-a-um: one by one
sophōs (Greek adv): well done
spondet (participle *spōnsus*): betroths someone to someone
stēlla-ā, f: star
suādet (w complement in dat): persuades
subvenit: comes to help
suī, suīs, m: one's own family (neuter, "one's own posses-
    sions")
tegit (participle *tēctus*): covers
temptat: attempts
togātus-a-um: wearing the toga (describing Roman citizens
    on some formal occasion)
umerus-ō, m: shoulder
ūrit: burns, sears
vīcīnus-a-um: neighboring, near to
voluntās, voluntāte, f: desire

UNIT 22

Fābella

Dē Cēterīs Herculis Labōribus

Tantī successūs Herculis hērōis Eurystheō nōn placent. Perterritus ille sē in vāse immēnsō cēlat, Herculem intrā mūrōs urbis nōn recipit. Herculī extrā mūrōs urbis stantī clāmat, "Portā[1] ad mē zōnam Hippolytae!"

Hippolyta enim regit Amāzonas,[2] quae sunt fēminae mīlitēs.

Herculēs eam fortiter pūgnantem vincit, zōnam ad rēgem refert.

Decimō in labōre pūgnat in Hispāniā cum mōnstrō Gēryone et post proelium ferōx vincit. Deinde taurōs Gēryonis per Eurōpam ad Graeciam dūcit, iter summae difficultātis.

Ūndecimum labōrem impōnit Herculī Eurystheus: "Quaere[1] māla quae Hesperidēs colunt." Hae Hesperidēs sunt trēs fīliae Hesperī, quae in Āfricā habitant. Haec māla aurea sunt; dracō quī numquam dormit ea custōdit. Herculēs illum necat, tria māla aurea capit, rēgī Eurystheō dat.

---

[1]Command form of the verb in addressing one person.
[2]The final /a/ of *Amāzonas* is short, since it is a Greek form.

Jam Eurystheus paene sine spē est. "Herculēs omnēs labōrēs impositōs cōnfēcit.[3] Quid est labor maximī perīc'lī?" Subitō cōnsilium capit. Ex mūrīs urbis Herculī imperat: "Dēscende, Ō fortis et fidēlis, ad Īnferōs. Hoc iter tibī sine dubiō facile est. Trahe mihī vīvum canem Cerberum. Post hoc factum, labōrēs cōnfectī erunt.[4] Post iter ad Īnferōs quiēscet[5] Herculēs bonus, nōbilis, fortis!" Crūdēliter rīsit; nam mors Herculis jam certa vidētur. Cōnsilium suum Eurystheō maximē placet.

Etiam Herculēs, cum verba rēgis audit, pallet. Quis tanta perīc'la nōn metuit? At "Herculī quidem," sibī respondet, "nūllum iter difficile est. Ad Īnferōs, deinde, quia rēx Eurystheus hoc opus mihī imperat."

Aditum ad Īnferōs praebet Mōns Taenarus, in Graeciā situs. Per cavernam obscūram iter facit fīlius Jovis. Canem lātrantem subitō cōnspicit. Sed quāle mōnstrum! Quantī dentēs! Tria ōra horrifica! Tālis est Cerberus, quī portās dominī suī, Plūtōnis nōmine, fidēliter custōdit.

"Ultimus labor est" sibī putat noster hērōs. "Fortem dī adjuvant." Summīs vīribus Cerberum ad diem trahit.

Eurystheus ex urbis mūrīs hērōem mōnstrum caudā trahentem videt; sē iterum in vāse suō cēlat. Clāmat maximā vōce, "Labōrēs duodecim tuī cōnfectī sunt! Valē!" Et Herculēs rēgī īgnāvō nōn jam servit. Multōs post cēterōs labōrēs, quōs volēns ipse suscipit, perit et tandem deus ipse fit.

Ut dīcit noster auctor Seneca, "Nōn est ad astra mollis ē terrīs via."

---

3 *cōnfēcit:* has accomplished
4 *erunt:* will be
5 *quiēscet:* will rest

Quaestiōnēs

1 Cujus zōnam Herculī imperat Eurystheus?
2 Ubī latet Eurystheus ex Herculis timōre?
3 Quod mōnstrum Herculēs in Hispāniā vincit?
4 Ex quō metallō facta sunt māla quae dracō custōdit?
5 Quod animal jānuam Plūtōnis custōdit?
6 Quot capita gerit Cerberus?
7 Quod membrum Cerberī tenet Herculēs?
8 Cui nōn placet hoc opus forte?
9 Quis post mortem suum deus fit?

Sententiae

1 Equī dōnātī dentēs nōn īnspiciuntur. St. Jerome

2 Mēns et animus et cōnsilium et sententia cīvitātis posita est in lēgibus. Cicero

3 Sīc trānsit glōria mundī. Anonymous

4 Sine doctrīnā vīta est quasi mortis imāgō. Dionysius Cato

5 Silentium est sīgnum sapientiae et loquācitās est sīgnum stultitiae. Petrus Alphonsus

6 Bonae mentis soror est paupertās. Petronius

7 Īgnōrantia lēgis nēminem excūsat. Legal

8 In cāsū extrēmae necessitātis omnia sunt commūnia. Legal

9 Initium sapientiae timor Dominī. *Job*

10 Quid est somnus gelidae nisi mortis imāgō? Ovid

11 Ex vitiīs alterīus sapiēns ēmendat suum. Publilius Syrus
The same pronominal adjectives which have the dative in -ī, like *ūnus* and *nūllus*, also have the genitive in -*ius*, like *alterīus* above.

119

12 Bonus animus in malā rē dimidium est malī. Plautus

13 Dux vītae ratiō. Latin equivalent of the Phi Beta Kappa motto

14 Magna vīs cōnscientiae. Cicero

15 Salūs populī suprēma lēx. Legal

16 In nōmine Dominī incipit omne malum. Anonymous

17 Rēgis amīcitia nōn est possessiō pūra. Medieval

18 Ōtium sine litterīs mors est et hominis vīvī sepultūra. Seneca

19 Vōx populī vōx Deī. Commonplace

20 Virtūtis amōre. Motto

21 Rōma caput mundī. Lucan (adapted)

22 Calamitās virtūtis occāsiō est. Seneca

23 Īra initium īnsāniae. Ennius (adapted)

24 Prō libertāte patriae. Motto

25 Mūsica est mentis medicīna maestae. Anonymous

26 Externus hostis maximum in urbe concordiae vinculum. Anonymous

27 Index est animī sermō. Medieval

28 Omnis ars nātūrae imitātiō est. Seneca

29 Crēscit amor nummī quantum ipsa pecūnia crēscit. Juvenal

30 Metus enim mortis mūsicā dēpellitur. Censorinus

31 Contrā malum mortis nōn est medicāmentum in hortīs.
Medieval

32 Vīnum animī speculum. Anonymous

33 Ūsus, magnus vītae magister, multa docet. Cicero

34 Caput columbae, cauda scorpiōnis. St. Bernard (?)

35 Homō sine pecūniā mortis imāgō. Anonymous

36 Sermō datur cūnctīs, animī sapientia paucīs. Anonymous

37 In nūllum avārus bonus, sed in sē semper pessimus. Varro

38 Causa paupertātis plērīsque probitās est. Curtius

39 Satis ēloquentiae, sapientiae parum. Sallust
   Parum is a variant form of *parvum*.

40 Nullīus hospitis grāta est mora longa. Anonymous
   Nullīus is an adjective like *ūnus* and *alter*, with the genitive
   singular in *-ius*.

41 Quī dēbet, līmen crēditōris nōn amat. Publilius Syrus

42 Praemia virtūtis honōrēs. Motto

43 Tempora praetereunt mōre fluentis aquae. Medieval

44 Amīcus animae dīmidium. Austin

45 Tot mundī superstitiōnēs quot caelō stēllae. Burton

Carmina

Habet Āfricānus mīliēns, tamen captat.
Fortūna multīs dat nimis, satis nūllī. Martial

> *Habet miliēns* means "He has money by the thousands";
> since it means a large sum of money, we might say "He
> has millions."

> The monetary unit understood with *miliēns* is 100,000
> sesterces. He therefore has a fortune of 100,000,000
> sesterces. The requirement for being an *eques* (knight)
> was 400,000 sesterces. Four sesterces was a laborer's
> daily pay.

Trīstātur, pallet, nōn dormit, nīl edit, ardet.
Nec tamen aegrōtat Calliodōrus: amat. Parkhurst

> There is a class of verbs in Latin which does not have the
> contrast between active and passive. Although these verbs
> have the *-tur* ending, their meaning is not passive. *Trīstā-*
> *tur* means, "He is sad." This type of verb will be presented
> in *Latin: Level Two.*

Septem urbēs certant dē stirpe insignis Homērī:
Smyrna, Rhodus, Colophōn, Salamis, Chios, Argos, Athēnae.
Anonymous

> This is another version of the cities which claimed Homer.
> The unknown noun *stirps, stirpis, f,* and the adjective
> *insignis-e* can be determined from the context.

English Derivatives

COLUMBArium   subLIMINal
conGEaL   SORORity
INCIPIent   TRANSIent

Vocabulary

From now on you will be given the nominative and *genitive*
singular of all nouns.

anima-ae, f: soul
columba-ae, f: dove
cūnctus-a-um: all, every
dēpellit: drives out, drives away
diadēma, diadēmatis, n (Greek noun): royal headdress, crown
dimidium-ī, n: half
doctrīna-ae, f: teaching
dracō, dracōnis, m: dragon
enim (sentence connector): for
gelidus-a-um: cold
incipit: begins
inferī (pl): lower world
insīgnis-e: distinguished
limen, līminis, n: cross part of a door, either the bottom part
    (threshold) or top part (lintel)
maestus-a-um: sad
mālum-ī, n: apple
mīliēns (adv): a thousand times
mōnstrum-ī, n: monster
mūrus-ī, m: wall
nam (sentence connector): for
pallet: grows pale
plērīque, plēraeque, plēraque: great many
praebet: furnishes
praemium-ī, n: reward
praeterit: passes by
putat: thinks
sepultūra-ae, f: burial
soror, sorōris, f: sister
stirps, stirpis, f: root, source
suscipit: undertakes
trānsit: passes aways, dies
vinculum-ī, n: rope, bond, chain
zōna-ae, f: belt

UNIT 23

Illūstrātiō

The following is intended to serve as a review for those students who have seen the filmstrip *Imperium Rōmānum* in the *Artēs Latīnae* program.

Imperium Rōmānum

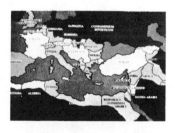

1. In hāc tabulā scrībuntur nōmina nātiōnum quae hodiē fīnēs Impēriī Rōmānī tenent.

2. Hīc pingitur Imperium Rōmānum Saeculō Secundō post Christum nātum, cum sub Trajānō maximē patet.

3. Custōdītur Imperium flūminibus, montibus, maribus. Cum dēficiunt haec mūnimenta nātūrae, Rōmānī castra mūrōsque faciunt.

4. In Forō Magnō triumphat Trajānus, qui Imperiō prōvinciās Daciam, Ārabiam, Mesopotamiam, Armeniam addit.

5. In Urbe ūnā cum cīvibus Rōmānīs inveniuntur peregrīnī, et Graecī et barbarī, quī mercātōrēs, mīlitēs, philosophī sunt.

6. In prōvinciīs longinquis exercitūs Rōmānī fīnēs Imperiī fortiter et fidēliter dēfendunt.

7. Omnibus Imperiī in partibus inveniuntur viae, quibus ēdicta Imperātōris feruntur.

8. His eques "tabellārius" est, quī nūntiōs pūblicōs aut prīvātōs fert.

(No picture)

9. Sine viīs bene factīs administrātiō facilis nōn est. Hae viae omnēs adjuvant: tabellāriōs, mīlitēs, mercātōrēs, viātōrēs.

10. Ex Aegyptō, Britanniā, Galliā, Syriā, Indiā, Hispāniā dēfluunt ad Urbem vestis, vīnum, servī, gemmae, statuae, oleum, vāsa, frūmentum, et hujus generis.[1]

11. Exemplī grātiā, hāc in pictūrā sunt urnae Graecae, in quibus pictae sunt imāginēs. Bella et ūtilia sunt vāsa Graeca.

12. Scrībae quī administrātiōnī reī pūblicae serviunt et līberī et servī sunt.

13. Aedificia spatiōsa ex marmore facta Rōmam magnificam reddunt.

[1]*et hujus generis:* and (things) of this sort

14. Omnibus in artibus, etiam in architectūrā, Rōmānī multum Graecīs dēbent.

15. Populus vult magnam cōpiam aquae, quae ā montibus in aquaeductibus dēfluit. Sub terrā hae aquae magnā ex parte dūcuntur, sed cum vallem vel plānitiem humilem trānseunt, in arcū pōnuntur.

16. Hic aquaeductus in plānitiē Rōmae proximā stat. Ab Imperātōre Claudiō factus, nōminātur "Aqua Claudia."

17. Rōmānīs arcūs ūtilēs sunt; in hīs saepe positae sunt statuae.

18. Multae imāginēs in Urbe cōnspiciuntur. Est effigiēs Imperātōris Rōmānī.

19. Hi librī opera auctōrum Rōmānōrum continent. Mārcus Aurēlius, imperātor Rōmānus, et Plūtarchus, quī Graecus est, Graecē scrībunt.

20. Duo sunt genera librōrum Rōmānōrum:"cōdex" est similis librīs hodiernīs; hāc in pictūrā est aliud genus, quod "volūmen" vocātur.

21. Tōtus orbis terrārum Imperātōrī Rōmānō servit.

(No picture)

22. Sed hoc imperium leve, nōn grave, est. Multīs in modīs incolae prōvinciārum rēs suās cūrant. Ex hāc rē in fidē manent.

23. Etiam barbarī quī reī pūblicae fortiter et fidēliter serviunt saepe in populī Rōmānī cīvitātem suscipiuntur.

24. Sub jūre Rōmānō cīvēs omnēs omnibus in partibus Imperiī aequālēs sunt.

25. Multī clārī principēs reī pūblicae sunt. Est effigiēs Gajī Jūliī Caesaris, quī Galliam vincit. Creātus dictātor, īnsidiīs necātus est.

26. Hērēs Dīvī Jūliī est Augustus, sub quō flōrent poētae Horātius, Ovidius, Vergilius.

27. Hadriānus cōnsilia Trajānī mūtat et fīnēs Imperiī nōn jam extendit sed contrahit.

28. Mārcus Aurēlius, philosophus nōtus, reī pūblicae fidēliter servit in fīnibus Imperiī. Vir pācis, quī vītam suam in bellō agit.

129

(No picture)

29. Quīntō Saeculō barbarī partem Imperiī occidentālem vincunt. Sed memoria Rōmae nōn perit. Vīvunt hodiē mōrēs et artēs Rōmānae.

30. Exemplī grātiā, nōn perit lingua Latīna. In nostrīs lūdīs discipulī multī Latīnē legunt.

31. Linguae multārum Eurōpae nātiōnum ex linguā Latīnā dūcuntur. Lingua Anglica multās vōcēs quoque haurit.

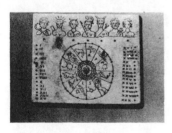

32. Annus duodecim mēnsēs, mēnsis trigintā diēs continet. Haec ratiō mēnsium cōnsiliō et cūrā Gajī Jūliī Caesaris inventa est.

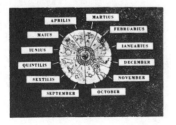

33. Nōmina Anglica mēnsium ē fāstīs Rōmānīs trahuntur. Honōris causā, nōmina mēnsium Quintīlis et Sextīlis mūtantur et "Jūlius" ēt "Augustus" nōminantur.

34. Rōmānī ex ūtilitāte rēs saepe aestimant. Negōtia agunt, bella gerunt, aedificia, aquās, viās struunt. Sed aliās nātiōnēs populus Rōmānus hīs superat: multās diversāsque gentēs jūre aequālī regit et mundō dat "Pācem Rōmānam."

(No picture)

35. Orientālī in Imperiī parte, Saeculō Sextō, Jūstiniānus Imperātor corpus jūris Rōmānī cōnscribit.

36. Etiam hodiē multae nātiōnēs Eurōpae sub hōc corpore jūris reguntur.

37. Haec colōnia in Germāniā sita, nōmine "Augusta Trēvirōrum," formam ex castrīs militāribus capit.

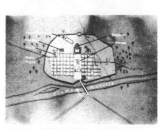

38. Nostra aedificia pūblica saepe Rōmānīs similia sunt. Exemplī grātiā, est Jūs Suprēmum Cīvitātum Americae Foederātārum.

(No picture)

39. In Eurōpā, Asiā, Āfricā manent pontēs, basilicae, amphitheātra Rōmāna. Nōn nūlla etiam adhūc in ūsū sunt. Sed jam vīvunt mōrēs, artēs, scientia Rōmānōrum in vītā nostrā.

40. Quī hodiē vīvunt similēs hīs Rōmānīs antīquīs sunt mōribus, lēgibus, jūre.

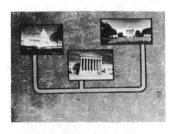

41. Rēs pūblica et nostra et Rōmāna ex tribus partibus cōnsistit: sunt quī lēgēs cōnstituunt, quī jūdicant, quī administrant.

42. Rōma est caput antīquum religiōnis Christiānae.

(No picture)

43. Haec dē Rōmā, urbe aeternā, dē linguā Latīnā, quae numquam perit, dē Imperiō, quod in hominum memoriā semper manet.

132

Quaestiōnēs

1 Cujus sub rēgnō maximē patet Imperium Rōmānum?
2 Ā quibus dēfenduntur fīnēs Imperiī?
3 Quibus beneficium dant viae bonae?
4 Suntne scrībae servī an līberī?
5 Quis aedificat Aquam Claudiam?
6 Quid est genus librī quī similis librīs hodiernīs est?
7 Ā quō capta est Gallia?
8 Ā quō fīnēs Imperiī contractī sunt?
9 Ā quō imperātōre scrīptus est liber philosophiae?
10 Quotō Saeculō Jūstiniānus corpus jūris scrībit?

Sententiae

1 Pietās fundāmentum est omnium virtūtum. Cicero

2 Injūriārum remedium est oblīviō. Publilius Syrus

3 Naufragium rērum est mulier malefida marītō. Anonymous

4 Amīcus omnium, amīcus nūllōrum. Anonymous

5 Terrārum dea gentiumque, Rōma,
  cui pār est nihil et nihil secundum. Martial

6 Perjūria rīdet amantum Juppiter. Lygdamus

7 Repetītiō est māter studiōrum. Anonymous

8 Distrahit animum librōrum multitūdō. Seneca (adapted)

9 Bis dat quī citō dat. Alciatus (?)

10 Stultōrum plēna sunt omnia. Cicero
  The adjective *plēnus* patterns with the genitive.

11 Domina omnium et rēgīna ratiō. Cicero

12 Ex ōre parvulōrum vēritās. Anonymous

13 Māter artium necessitās. Anonymous

14 Tōtus mundus deōrum est immortālium templum. Seneca
(adapted)

15 Historia est testis temporum, lūx vēritātis, vīta memoriae,
magistra vītae, nūntia vetustātis. Cicero

16 Sēditiō cīvium hostium est occāsiō. Publilius Syrus

17 Amīcōrum sunt commūnia omnia. Cicero (adapted)

18 Litterārum rādīcēs amārae, frūctūs dulcēs. Anonymous

19 In regiōne caecōrum, rēx est luscus. Anonymous

20 Cūrārum maxima nūtrīx nox. Ovid

21 Rādīx omnium malōrum est cupīditās. New Testament

22 Multōrum manibus grande levātur opus. Anonymous

23   Vir bonus est quis?
   Quī cōnsulta patrum, quī lēgēs jūraque servat. Horace
       The *patrēs* refers to the senators who were often called
       patrēs cōnscriptī.

24 Nihil rērum hūmānārum sine deī nūmine geritur. Nepos

25 Maximum remedium īrae mora est. Seneca

26 Nōn recipit stultus verba prūdentiae. Anonymous

27 Semper magnae fortūnae comes adest adulātiō. Veleius
Paterculus

28 Discordia ōrdinum venēnum est urbis. Anonymous

29 Fallācēs sunt rērum speciēs. Seneca

30 Mors jānua vītae. Anonymous

31 Scrīptōrum chorus omnis amat nemus et fugit urbēs. Horace

32 Salūs cīvitātis in lēgibus sita est. Cicero

33 Crīmina quī cernunt aliōrum, nōn sua cernunt. Anonymous

34 Crux ancora vītae. Anonymous

35 Deōrum dōna saepe nōn dōna. Anonymous

36 Adulātiō, perpetuum malum rēgum. Curtius Rufus

37 Verbum Dominī manet in aeternum. New Testament

38 Nōn vīribus aut vēlōcitāte aut celeritāte corporum rēs magnae geruntur sed cōnsiliō, auctōritāte, sententiā. Cicero

39 Lacrimae pondera vōcis habent. Ovid

40 Nōn omnibus aegrīs eadem auxilia conveniunt. Celsus

41 Est pābulum animōrum contemplātiō nātūrae. Cicero

42 Nōmina stultōrum semper parietibus haerent. Anonymous

43 Grātus animus est ūna virtūs, nōn sōlum maxima sed etiam māter virtūtum omnium reliquārum. Cicero

Carmina

Ōstia stant clausa dominōrum nōn sine causā;
nam metuunt dentēs quōs portant ēsurientēs. Medieval

Mors et enim hominum nātūra, nōn poena, est.
Grave inscription

Vīna probat bonus ēmptor odōre, colōre, sapōre;
nāre probātur odor, vīsū color, et sapor ōre. Medieval

English Derivatives

ABSCOND	JANitor
ANChOR	PERJURy
AUThORIty	PONDERous
DISTRACT	RADICal
FALLACIous	TESTIfy
conFEDERATe	VOLUME

Vocabulary

adhūc (substitutor for *ad hunc locum* or *ad hoc tempus*): up to this time, still, to this point

basilica-ae, f: public building

cīvis, cīvis, m&f: citizen

cōdex, cōdicis, m: book (with covers like our books)

cōnsultum-ī, n: decree (the *cōnsulta patrum* were the decrees of the Senate)

contrahit: contracts, makes smaller

convenit (w complement in dat): suits, fits

distrahit: diverts, distracts

ēsurit: is hungry

fallāx (adj, gen *fallācis*): deceitful

fāstī, fāstōrum, m: days on which law courts were open, list of these days, calendar

foederātus-a-um: allied, united

gēns, gentis, f: family, race, people

haurit: absorbs, borrows

incola-ae, m&f: inhabitant

jānua-ae, f: door

levat: makes light, lightens

luscus-a-um: one-eyed

malefīdus-a-um: unfaithful

marmor, marmoris, n: marble

mūnimentum-ī, n: fortification

nāris, nāris, f: nostril, nose

negōtium, negōtiī, n: business

nemus, nemoris, n: woods, grove

nūntia-ae, f: female messenger

nūntius, nūntiī, m: messenger, message

nūtrīx, nūtrīcis, f: nurse
oblīviō, oblīviōnis, f: act of forgetting
ōrdo, ōrdinis, m: class, rank (here refers to social and political
    classes at Rome, namely, the senators, knights, and
    common people)
orientālis-e: eastern
ōstium-ī, n: doorway
pābulum-ī, n: food (usually of animals)
peregrīnus-a-um: foreign; (as noun) foreigner
perjūrium-ī, n: lie
pondus, ponderis, n: weight
rādīx, rādīcis, f: root
reliquus-a-um: left behind, remaining
sapor, sapōris, m: taste, flavor
sēditiō, sēditiōnis, f: civil insurrection (literally, "a sitting
    aside")
suscipit: takes in
tabellārius, tabellāriī, m: messenger
testis, testis, m&f: witness
vallis, vallis, f: valley
vetustās, vetustātis, f: antiquity
vīsus-ūs, m: act of seeing, sight, appearance
volūmen, volūminis, n: roll (different type of book from *cōdex*)

UNIT 24

Historia

Probably the least attractive feature of the Romans was their cruelty, shown in their love of gladiatorial shows in which men fought to the death. The gladiatorial games originated in the belief that the spirits of the dead were appeased by human sacrifice. Slaves were therefore slaughtered at funeral "games." The next step was to match two slaves against each other, thus allowing one of them a chance for his life. As these contests increased in popularity, they lost all religious significance, but they were so popular among the people that the emperors did not dare fail to attend for fear of offending the populace.

Although we also have dangerous sports today, spectators do not attend these contests in the hope of seeing someone killed. Only in boxing is the disabling of one's opponent the *objective* of the sport, and even here a death is nonetheless regarded as a tragic accident. In the gladiatorial games, however, the death of one's opponent was the goal; if one gladiator was hopelessly defeated, the other was required to kill him—unless the audience wished his life spared and granted him *missiō*.

One might think that the Romans were interested in the skill of the combatants and that the death of one, like the death of the bull in a bullfight, was only incidental, an end which was necessary for the show to have meaning. As the games were made more and more bloodthirsty, however, it became clear that the Romans (many of them, anyway) loved bloodshed for its own sake. Armed men were sent to fight against men without weapons, women fought against dwarfs, and unarmed men and women were thrown to starving beasts of prey.

Scenes were acted out from history and mythology in which pain and torture were the chief attractions. We read in Martial that a criminal was forced to play the part of Mucius Scaevola who, to show his contempt for the threat of torture made by

Porsenna, thrust his right hand into the fire and left it there until it was consumed. Martial tries to make a joke about this gruesome scene, saying, "What's so brave about that when the alternative was death?"

Another popular act (not popular with the actors) was the death of Hercules, who put on a robe which had been sent by his jealous wife, and which burst into flames and killed him. Incredible as it may seem, this was such a common scene in the Amphitheater that the dress had a name, *tunica molesta*.

There were *mūnera sine missiōne*, games where there was no sparing of any life. In these games, the first pair of gladiators consisted of a fully armed man and one dressed in a tunic with no weapons at all. When the latter had been killed, a *supposi-ticius* ("substitute") took his place, this one fully armed, and the games would then continue until out of the entire body of gladiators, only one was left alive.

The number of lives lost is staggering. The Emperor Augustus has left on record that in the eight games which he presented, there were 10,000 gladiators. In a mock naval battle (*naumachia*) given on a lake near Rome, there were 38,000 gladiators who fought to their death.

It is difficult for us to conceive of a society in which such contests could be regarded as "games" or "sport." A few Roman authors objected mildly to the games, but on the whole they defended and justified them as demonstrating to the noble Romans that even slaves and criminals could be brave!

Much as we may admire the Romans for their many achieve-ments, their gladiatorial shows are a dishonor that can never be explained away.

Dē Mūneribus

Lūdī in quibus pūgnant gladiātōrēs Rōmānīs maximē placent. Nostrā sententiā quidem, crūdēlia sunt tālia mūnera. Vir cum virō aut cum bēstiā, bēstia cum bēstiā pūgnat. Hōs per lūdōs imperātōrēs populō Rōmānō placēre temptant.

Aliī gladiātōrēs sunt servī, aliī inopēs quī praemia magna recipere volunt. At quālis vīta, cujus mors semper comes est! Disciplīna gladiātōrum maximē dūra est. Saepe pūgnat ad mortem amicus cum amīcō.

Hī lūdī, quia ā magistrātibus vel imperātōribus datī sunt, saepe dīcuntur "mūnera." Ea mūnera tōtam diem ā primā lūce ad vesperum occupant. Quot vītae ūnō diē āmissae sunt!

Quī cum bēstiīs pūgnant vocantur "bēstiāriī." Hoc genus certāminis nōs nōn nimis offendit; nam hodiē multī bēstiās silvae premunt et necant. Rōmānī quoque ferās in silvīs premere solēbant.[1]

Etiam imperātōrēs ipsī, cum bēstiās captant, in rē incertā sunt. Sed nōn numquam bēstiārius ex ferreā caveā nūllō perīc'lō sagittās in animālia īnfēlīcia mittit. Exemplī grātiā, Imperātor Commodus etiam ex pulvīnārī suō bēstiās sagittīs necat. Numerus animālium quae in amphitheātrīs pereunt extrā fidem est! Ūnō diē, ut nōbīs fertur, necāta sunt quīnque mīlia (MMMMM).

Placent populō crūdēlī certāmina inaequālia. Ergō, ut nōbis nārrat Mārtiālis, elephantus certat cum taurō. Eōdem modō pūgnant gladiātōrēs armīs dissimilibus. "Rētiāriī," quī gerunt rēte et tridentem, certant cum "secūtōribus" vel "mirmillōnibus," quī cassidem, scūtum, gladium habent.

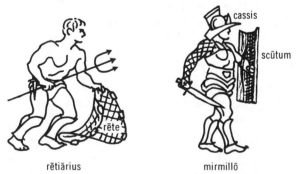

rētiārius   mirmillō

Saepe, sī alius gladiātor perit aut vulnerātus est, victor nōn ē perīc'lō effugit sed contrā alium gladiātōrem iterum pūgnāre dēbet. Hic secundus gladiātor "suppositīcius" dīcitur.

---

[1]The signal {-bā-} shows continuing action in past time.

Nōn numquam aqua in amphitheātrum immissa est; hōc modō magnus lacus fit. In hōc lacū natant nāvēs cum nautīs mīlitibusque. Hoc proelium "naumachia" nōminātur.

Īnfrā est carmen ā Mārtiāle scrīptum, quod gladiātōrem quendam, Hermem nōmine, laudat. Ille tribus modīs certāminis superior est. Prīmō, pūgnat ut "vēles," quī hastam gerit. Deinde "rētiārius" quoque est, pūgnāns cum rētī et tridente. Tandem quoque est "andābata," quī equō vectus paene caecus est ex casside, quae oculōs tegit. Hermēs est quoque magister gladiātōrum.

andābata

Quaestiōnēs

1 Quī lūdōs populō Rōmānō dant?
2 Quālia sunt haec mūnera, nostrā sententiā?
3 Quō locō cum lūdōs spectant sedent imperātōrēs?
4 Quōcum, ut dīcit Mārtiālis, pūgnat taurus?
5 Quibus instrūmentīs pūgnat rētiārius?
6 Contrā quem saepe pūgnat gladiātor victor?
7 In quō lūdō pūgnant nautae?
8 Quem gladiātōrem laudat Mārtiālis?
9 Quōs docet Hermēs gladiātor?

Sententiae

1 Sōlem . . . ē mundō tollere videntur quī amīcitiam ē vītā tollunt. Cicero

2 Septem hōrās dormīre satis juvenīque senīque. Medieval

141

3 Dulcis amor patriae, dulce vidēre suōs. Anonymous

4 Nōn quia difficilia sunt, nōn audēmus; sed quia nōn audēmus, difficilia sunt. Seneca

5 Errāre est hūmānum. Anonymous

6 Anguillam caudā tenēs. Anonymous

7 Ars est cēlāre artem. Anonymous

8 Omnia scīre volunt omnēs, sed discere nōlunt. Medieval

9 Nec male olēre mihī nec bene olēre placet. Ausonius

10 Amāre et sapere vix deō concēditur. Publilius Syrus

11 Dulce est dēsipere in locō. Horace

12 Nescit nātūram mūtāre pecūnia pūram. Medieval

13 Testis nēmō in suā causā esse dēbet. Legal

14 Improbus est homō quī beneficium scit accipere et reddere nescit. Plautus

15 Dum fēmina plōrat, dēcipere labōrat. Medieval

16 Quī timidē rogat docet negāre. Seneca

17 Linguam compescere virtūs nōn est minima. Anonymous

18 Amāre simul et sapere ipsī Jovī nōn datur. Anonymous

19 Fēlīx quī quod amat dēfendere fortiter audet. Medieval

20 Ut ager quamvīs fertilis sine cultūrā frūctuōsus esse nōn potest, sīc sine doctrīnā animus. Cicero

21 In malīs spērāre bene, nisī innocēns, nēmō solet. Publilius Syrus

22 Ōrāre est labōrāre. Motto of Benedictine order

23 Dīligere parentēs prima nātūrae lēx. Valerius Maximus

24 Difficile est trīstī fingere mente jocum. Lygdamus

25 Jūsta . . . ab injūstīs petere īnsipientia est. Plautus

26 Sī Deus prō nōbīs, quis contrā nōs? New Testament

27 Male facere quī vult numquam nōn causam invenit.
Publilius Syrus
   Numquam nōn means "always."

28 Nec scīre fās est omnia. Horace

29 Stultum facit Fortūna quem vult perdere. Publilius Syrus

30 Vitium est omnia crēdere, vitium nihil crēdere. Pseudo-
Seneca

31 Difficile est modum tenēre in omnibus. St. Jerome

32 Aegrōtō dum anima est, spēs esse dīcitur. Cicero

33 Sine pennīs volāre haud facile est. Anonymous

34 Hūmānum amāre est, hūmānum autem ignōscere est.
Plautus

35 Scīre volunt omnēs; mercēdem solvere nēmō. Juvenal

36 Quī tacet cōnsentīre vidētur. Legal

37 Jūris praecepta sunt: honestē vīvere, alterum nōn laedere,
suum cuique tribuere. Justinian

38 Nam et uxōrem dūcere et nōn dūcere malum est. Valerius

39 Rēx nōn dēbet esse sub homine sed sub Deō et lēge, quia
lēx facit rēgem. Bracton(?)

40 Fraus est cēlāre fraudem. Anonymous

41 Perīculōsum est crēdere et nōn crēdere. Phaedrus

42 Nec mortem effugere quisquam nec amōrem potest.
Publilius Syrus

43 Cattus amat piscem sed nōn vult tangere flūmen. Medieval

44 Est quaedam flēre voluptās. Ovid

45 Ēbrietās mōrēs aufert tibi, rēs et honōrēs. Medieval

46 Nōn sentīre mala sua nōn est hominis, et nōn ferre, nōn
est virī. Seneca

47 Quī vult caedere canem, facile invenit fūstem. Anonymous

48 Scīre lēgēs nōn est verba eārum tenēre sed vim ac potestātem. Anonymous

49 Legere et nōn intellegere est tamquam nōn legere.
Anonymous

50 Jūdicis est jūs dīcere, nōn dare. Legal

51 Aliud est cēlāre, aliud tacēre. Legal

52 Stultitiam simulāre locō prūdentia summa est. Anonymous
Locō here means "at the right time."

Carmina

Pexātus pulchrē rīdēs mea, Zōile, trīta.
   Sunt trīta quidem, Zōile, sed sunt mea. Martial

The structure of the next poem is simple but the content is
difficult, since it describes certain aspects of the gladiatorial
games about which we know little. A Latin explanation, line
by line, with a few English notes, follows the poem.

144

Hermēs Mārtia saeculī voluptās,
Hermēs omnibus ēruditus armīs,
Hermēs et gladiātor et magister,
Hermēs turba suī tremorque lūdī,
5 Hermēs, quem timet Hēlius sed ūnum,
Hermēs, cui cadit Advolāns sed ūnī,
Hermēs vincere nec ferīre doctus,
Hermēs suppositīcius sibi ipse,
Hermēs dīvitiae locariorum,
10 Hermēs cūra laborque lūdiārum,
Hermēs belligerā superbus hastā,
Hermēs aequoreō mināx tridente,
Hermēs casside languidā timendus,
Hermēs glōria Mārtis ūniversī,
15 Hermēs omnia sōlus et ter ūnus. Martial

Here is the Latin explanation of the poem, with a few English
notes.

1 Omnēs hujus aetātis amant Hermem, similem Mārtī.
2 Hermēs omnibus armīs pūgnat.
3 Hermēs ipse pūgnat et aliōs gladiātōrēs docet.
4 Haec familia vel lūdus gladiātōrum Hermem metuunt.[2]
5 Hēlius[3], gladiator fortis, nēminem timet nisī Hermem sōlum.
6 Hermēs sōlus gladiātōrem Advolantem[3] nōmine, superat.
7 Hermēs semper vincit sed per artem suam nōn semper necat.
8 Hermēs numquam victus est; ergō numquam suppositī-
cium vult. Est sibī ipse suppositīcius.[4]
9 "Locārius" est inops quī sēdem in amphitheātrō capit,
deinde hunc locum tardē venientī spectātōrī vendit. Sī Hermēs
pūgnat, facile est hīs inopibus locum vendere.
10 "Lūdia" est fēmina gladiātōris. Sī Hermēs pūgnat, cūrant
et labōrant hae mulierēs. Aliae mortem Hermis, aliae mortem
virī suī timent.[5]
11 Hermēs tribus generibus armōrum pūgnat. Hōc in versū
est vēles et pūgnat hastā.
12 Jam ut rētiārus certat, habēns tridentem marīnum.

---

[2]Hermes disturbs and terrifies even his own gladiators in practice.
[3]Helius and Advolans are two gladiators.
[4]Since Hermes was never beaten, no gladiator ever had to substitute for him.
[5]This line is ambiguous; either the gladiators' women were in love with Hermes or they feared
he might kill their husbands or lovers.

13 Jam pūgnat modō andābatae; cassis, quod oculōs vēlat,
vocātur "languida"; id est, nōn ērēcta in capite est.
14 Hermēs omnēs gladiātōrēs superat.
15 In tribus generibus pūgnae Hermēs superior omnibus est.[6]

Disticha quī scrībit, puto, vult brevitāte placēre.
Quid prōdest brevitās, dīc mihi, sī liber est? Martial

> The form *dīc* is called the imperative and gives a command.
> *Dīc mihi* means "Tell me." *Puto* is a poetical variant of
> *putō*, just like *mihi* and *mihi*. This variation is mostly on
> two-syllable words, where a final long vowel becomes short.

Cēnsor maxime prīncipumque prīnceps,
cum[7] tot jam tibi dēbeat triumphōs,
tot nāscentia templa, tot renāta,
tot spectācula, tot deōs, tot urbēs—
plūs dēbet tibi Rōma quod pudīca est. Martial

> This poem is addressed to Domitian who, as Emperor, held
> the office of censor. The censor was an official in Rome
> whose power was considerable, since he could both place
> people in the Senate and remove them.

> In the first century, the emperors maintained the fiction
> that they were no more than the leading man in the Senate,
> the *prīnceps senātūs*. Since the senators were all important
> people, Martial changes the technical term, *prīnceps senātūs*,
> to *prīncipum prīnceps* ("leader of the leaders"). In actual
> fact, however, Domitian was a despotic ruler. This poem
> refers specifically to his activities as censor.

> Domitian was a despicable and pathetic man whose reign
> was marked by many acts of cruelty, and whose private
> life was far from admirable. It is not to Martial's credit
> that he never failed to flatter this despotic monarch in
> every conceivable way.

---

[6]*Omnia* (in line 15 of the poem) is an accusative used adverbially, meaning that he is alone in
all respects. *Ter ūnus* means he is a three-in-one fighter; he fights with spear, with net and trident
(as a *rētiārius*), and on horseback (as an *andābata* wearing a helmet without opening for eyes,
and therefore blind).
[7]*Cum* with the indicative mood means "when," as in *Cum dēbet:* "When she (Rome) owes."
However, this subordinating conjunction *cum* frequently patterns with another mood of the verb,
namely the subjunctive, to show that it is a subordinate construction. (This construction is stressed
in *Latin: Level Two*.) With the subjunctive mood, *cum* means "since," "because," and "although."
Cum dēbeat means "Although she (Rome) owes."

English Derivatives

NARRAtive
PRESUMe
SIMULATed

SOLUTion
SUPPLICAtion
TANGENT

Vocabulary

The verbs will now be listed by the first person singular and the infinitive forms.

aequoreus-a-um: pertaining to the ocean
andābata-ae, m: gladiator who fought on horseback with helmet that covered his face so it was difficult for him to see (We know very little about his costume or to what extent his vision was obscured.)
auferō, auferre: take away, remove
belliger, belligera, belligerum: warlike
bēstiārius-ī, m: one who fought with animals
caedō, caedere: cut, strike, kill
cassis, cassidis, f: helmet
cavea-ae, f: cage
compescō, compescere: repress, hold back
concēdō, concēdere: yield, grant, give
crēdō, crēdere: believe
dēcipiō, dēcipere (participle dēceptus): deceive
dēsipiō, dēsipere: act foolishly
distichon, distichī, n (Greek form of neuter): two-line poem
effugiō, effugere: escape
fās, n (indecl noun): divine law
feriō, ferīre: strike, kill
fingō, fingere: make up, invent
frūctuōsus-a-um: fruitful, fertile
gladius-ī, m: sword
hasta-ae, f: spear
improbus-a-um: wicked
īnsipientia-ae, f: foolishness
languidus-a-um: drooping
locārius-ī, m: ticket seller

147

lūdia-ae, f: a female gladiator, or the wife or girl friend of a
    gladiator
lūdus-ī, m: play, game, gladiatorial show, school
Mārs, Mārtis, m: god of war
mercēs, mercēdis, f: price
mināx (adj, gen *minācis*): threatening
mirmillō, mirmillōnis, m: a kind of gladiator distinguished by
    a particular kind of helmet
modus-ī, m: moderation
mūnus, mūneris, n: assignment; pay for a task; gladiatorial
    game
nārrō, nārrāre: tell
nāscēns, nāscentis (present participle): being born
naumachia-ae, f: mock sea battle
nōlunt (contraction of *nōn volunt*): they do not wish
ōrō, ōrāre: beg, pray
perdō, perdere: lose
pexātus-a-um: having a thick nap (used of clothes)
prōsum, prōdesse: be worthwhile
pudīcus-a-um: modest, chaste, respectable
pulvīnar, pulvīnāris, n: couch for the image of the gods; state
    couch for celebrated people; the imperial box at the
    amphitheater
putō, putāre: think (the form *putō* is the first person, used
    parenthetically, meaning "It seems to me," "I think";
    the short *o* in the poem is a poetical variant)
quamvīs (qualifier): however
renātus-a-um (past participle): having been born again, restored
rēte, rētis, n: net
rētiārius-ī, m: gladiator who fought with net and trident
rogō, rogāre: ask
sciō, scīre: know, know how
secūtor, secūtōris, m: a pursuer (in particular, a kind of light-
    armed gladiator who fought with the *rētiāriī*)
sentiō, sentīre (participle *sēnsus*): feel, sense, realize
simulō, simulāre: pretend, imitate
soleō, solēre (patterns w inf): be accustomed
spērō, spērāre: hope
supposiītīcius-ī, m: substitute gladiator
tangō, tangere: touch
temptō, temptāre: try, attempt

148

ter: three times
timendus-a-um: fearsome
tollō, tollere: lift up, take away, remove
tribuō, tribuere: give
tridēns, tridentis, m: trident (a three-pronged spear for fishing
    and also for fighting in the arena)
trītus-a-um (participle of terō): rubbed away, worn
vēles, vēlitis, m: light-armed soldier used for skirmishing; a
    gladiator who used similar equipment
vix (qualifier): scarcely, hardly
voluptās, voluptātis, f: pleasure

UNIT 25

Fābella

Dē Oculō Noctis

Sunt multī quī Montēs Alpēs vel Mare Mediterrāneum ignōrant. Sed omnēs, nisī caecī, in caelō montēs et "maria" lūnae nostrae vidēre possumus.

Hīs in maribus autem nūlla est aqua. Lūna est orbis sine aquā, sine āere, sine vītā; rē vērā, mundus mortuus, ubī nēmō vīvit, nihil flōret, nihil crēscit.

Sunt regiōnēs septingentae (DCC) lūnae, et maria et montēs, quibus nōmina sunt. Haec nōmina sine ratiōne data sunt. Exemplī grātiā, in Ōceanō Procellārum sunt nūllae tempestātēs. Nēmō in Marī Crisium in perīculō mortis aegrōtat. Quanta sēcūritās in Marī Serēnitātis est? At sine dubiō Mare Frīgoris nūllum calōrem habet!

Quod vocāmus "mare lūnae" est rē vērā plānitiēs. In Mare Imbrium prīma nāvis caelestis, ā Russīs prōpulsa, cecidit.[1] In Mare Crisium lentē dēscendit[1] nāvis Americāna, quae pictūrās ad Terram mīsit.[1]

At faciēs lūnae nōbīs nōn modo maria sed etiam montēs praebet. Hī montēs aliīs modīs similēs montibus terrēnīs, aliīs dissimilēs. Sunt multae "crātērae," quae similēs nostrō Montī Vesuviō vel Aetnae sunt. Sed orīgō nostrōrum Vesuviī vel Aetnae sine dubiō nōta est: lapis igneus ex fonte subterrāneō fluēns tālēs montēs fēcit.[1] Summa pars hōrum montium "crātēra" vocātur quia apertūra eōrum similis speciē est instrūmentō domesticō in quō vīnum cum aquā miscēbātur.[2]

Sed orīgō "crātērārum" lūnae jam sub jūdice est. Sunt tot sententiae quot astrologī.[3] Fortasse orīgō eārum similis Vesuviī

---

[1] Verb form showing an action in past time: *cecidit*: fell; *dēscendit*: landed; *mīsit*: sent; *fēcit*: made.
[2] Verb form showing customary action in the past: *miscēbātur*, was mixed; *erat*, was.
[3] The ancient astrologers, who told fortunes by casting horoscopes, were the first astronomers. They wished to have correct information about the stars and planets in order to be accurate in their predictions. It therefore seems reasonable to use this as a Latin word for our modern astronomer.

150

est, fortasse factae sunt ex lapidibus magnīs ē caelō magnā celeritāte cadentibus. Nōbīs autem, noctū lūnam spectantibus, hae crātērae maximē placent. Mōns lūnae maximus "Copernicus" dīcitur.

Latīnē "satelles" est vir īnferior quī superiōrem suum comitat. Hodiē hāc vōce "satelles" Anglicē indicāmus tale corpus caeleste ut lūna nostra est, quod aliud corpus semper comitat. Satellitem quoque vocant virī doctī nāvem quae similī modō circum nostrum orbem terrārum per caelum volat vel etiam ad Lūnam iter facit.

Cūr damus locīs lūnae nōmina Latīna? Multa per saecula sermō virōrum doctōrum lingua Latīna erat.[2] Et hodiē, quī flōrēs novōs inveniunt, eīs nōmina Latīnē dant.[4]

Cum cūrā hanc tabulam spectāre dēbēs, quae lūnam dēscrībit. Fortasse vōcem "palūs" ignōrās. Palūs est locus īnferior, similis lacuī, quī aquam habet brevem. In palūdibus habitant rānae et culicēs. Sed in Palūde Somniī, quot rānae sunt? Tot rānae quot piscēs in Marī Hiemis vel nautae in Marī Autumnī.

[4]The following quotation is taken from *Survey of the Moon* by Patrick Moore (New York, 1963), page 65: "Latin is still the universal language, and therefore astronomers use Latin rather than English names."

Quaestiōnēs

1 Quid est "Oculus Noctis"?
2 Quanta aqua in maribus lūnae est?
3 Ex quō factī sunt montēs Vesuvius et Aetna?
4 Quid est orīgō crātērārum lūnae?
5 Quī sunt virī doctī quī faciem lūnae spectant?
6 Quae sunt nōmina quīnque locōrum plānōrum quōs nōs "maria" vocāmus?
7 Quāliter nōminantur hodiē flōrēs plantaeque?
8 In quō īnstrūmentō miscētur vīnum cum aquā?

Sententiae

1 Cum . . . docēmus, discimus. Sergius

2 Vincis cochleam tarditūdine. Plautus

3 Laudem virtūtis necessitātī damus. Quintilian

4 Ex ōre tuō tē jūdicō. Anonymous

5 Nec habeō nec careō nec cūrō. Motto

6 Īnsānus mediō flūmine quaeris aquam. Propertius
  This is almost identical with a Basic Sentence in *Latin: Level One*, which was marked "adapted." That is, the form in which it was quoted, although the well-known version, is not exactly what the poet wrote. This is true of many quotations.

7 Dum spīrō, spērō. Motto

152

8 Facile omnēs, cum valēmus, rēcta cōnsilia aegrōtātis damus. Terence

9 Elephantum ex mūre facis. Anonymous

10 Dum fāta fugimus, fāta stultī incurrimus. Buchanan (?)

11 Aliēna nōbīs, nostra plūs aliīs placent. Publilius Syrus

12 Dīvitiae sunt causa malōrum. Anonymous

13 Sōcratēs "Quam multa nōn dēsiderō!" inquit. Anonymous

14 Scrībimus indoctī doctīque. Burton

15 Audiō sed taceō. Motto

16 Cum īnfirmī sumus optimī sumus. Pliny the Elder (?)

17 Cum ventīs lītigō. Petronius

18 Homō sum; hūmānī nil ā mē aliēnum putō. Terence

19 Ibī potest valēre populus ubi lēgēs valent. Publilius Syrus

20 Dīvitiae meae sunt; tū dīvitiārum es. Seneca

21 In eādem es nāvī. Anonymous
   Nāvī is a variant form of *nāve*.

22 Stultum est timēre quod vītāre nōn potes. Publilius Syrus

23 Nam, sīve Graecō poētae crēdimus, aliquandō et īnsānīre jūcundum est. Seneca

24 Facile cōnsilium damus aliīs. Burton

25 Deō servīre vēra libertās. Medieval

26 Aliquis nōn dēbet esse jūdex in propriā causā, quia nōn potest esse jūdex et pars. Legal

27 Humilis nec altē cadere nec graviter potest. Publilius Syrus

28 Imperāre sibī maximum imperium est. Seneca

29 Nēmō omnia potest scīre. Varro

30 Beneficium accipere lībertātem est vendere. Publilius Syrus

31 Fortis cadere, cēdere nōn potest. Motto

32 Supplicem hominem opprimere, virtūs nōn est sed crūdēlitās. Publilius Syrus

33 Nūdō dētrahere vestīmenta quis potest? Plautus

34 Nec piscātōrem piscis amāre potest. Burton

35 Amantēs dē formā jūdicāre nōn possunt. Burton

36 Labōribus vendunt deī nōbīs omnia bona. Anonymous

37 Juvenīle vitium est regere nōn posse impetūs. Seneca

38 Nōn potest arbor bona frūctūs malōs facere neque arbor mala frūctūs bonōs facere. New Testament

39 Rem āctam agis. Plautus

40 Vitia nostra regiōnum mūtātiōne nōn fugimus. Anonymous

41 Dum bibimus, dum serta, unguenta, puellās poscimus, obrēpit nōn intēllēcta senectūs. Juvenal

42 Est profectō Deus, quī quae nōs gerimus auditque et videt. Plautus

43 Ēripere vītam nēmō nōn hominī potest, at nēmō mortem. Seneca

44 Fortūna opēs auferre, nōn animum, potest. Seneca

Carmina

Cāna est barba tibī, nigra est coma. Tingere barbam
nōn potes (haec causa est) et potes, Ōle, comam. Martial

Dō tibi naumachiam, tū dās epigrammata nōbīs.
Vīs, puto, cum librō, Mārce, natāre tuō. Martial

Martial humorously addresses the Emperor Domitian. The
point is that Martial admits that the two gifts which they
have exchanged are not exactly equal.

Pauca tibī semper respondeo multa rogantī,
nōn quia multa rogās sed quia stulta rogās. Owen

Laudo Deum vērum, plēbem voco, congrego clērum,
dēfūnctōs plōrō, pestem fugo, fēsta decōrō. Medieval inscription
on church bell

Note the variant poetical forms with final short /o/.

Vīvōs vocō, mortuōs plangō, fulgura frangō. Inscription on
church bell

Fulgura frangō refers to the fact that the bells in church
steeples act as lightning conductors.

Sērō parās stabulum, taurōs jam fūre trahente;
sērō pater puerum docet, hospite tēcta petente. Medieval

Garrīs in aurem semper omnibus, Cinna,
garrīre et illud teste quod licet turbā.
Rīdēs in aurem, quereris, arguis, plōrās,
cantās in aurem, jūdicās, tacēs, clāmās,
5 adeōque penitus sēdit hic tibī morbus
ut saepe in aurem, Cinna, Caesarem laudēs. Martial

In line 2, *licet* is a verb which patterns with the infinitive
and means, "It is permitted to do such and such." In line
3, *quereris* is another verb that has the passive endings but
does not have a passive meaning. {-*ris*} is the passive of
the second person. *Tenēris* means "You are being held,"
but *quereris* means "You complain." In line 5, *sēdit* means
"has sat" or "has settled."

155

Earlier you saw the subjunctive mood used with *cum* to show subordination. In this poem, the subjunctive is introduced by *adeō* and *ut* to show result. *Adeō . . . ut laudēs* means, "Something is so much so that you praise." See if you can figure out the rest.

Lūsus

Many people enjoy playing with words. On one level, we find poetry. On a different level, we find riddles, puns, and jokes. Some of these word games will be given under the heading of *Lūsus*, which means "Fun."

In poetry, both form and meaning are important, and the form of the poem intensifies the meaning. In these word games, however, the meaning is almost never important, but the form is. With this in mind, look at the following puzzle, written in the Middle Ages. Notice first that the long vowels are not marked; this is intentional. Look at the *form* without paying any attention to the meaning. For example, you might turn the book around and read the line upside down.

Sumitis a vetitis, sitit is, sitit Eva, sitimus. Anonymous

If you don't get the point, here is a hint. The line is like the English "Madam, I'm Adam" and "Able was I ere I saw Elba." If these hints don't help, look up "palindrome" in a dictionary.

The plain meaning is given at the end of the Unit, after the Vocabulary, and it is about as sensible as "Madam, I'm Adam."

English Derivatives

CALORie
FESTival
GARRULous
PESTIlence
PLEBIan
REPTile
inSOMNia

inSPIRe
asSUMe
SUPPLIant
preVAiL
VENDor
VETO

Vocabulary

adeō: to such an extent
āēr, āeris, m: air
aliquandō: sometimes
Anglicē (adv): in English
ante (substitutor): formerly
calor, calōris, m: heat
canus-a-um: white (particularly of hair)
cēdō, cēdere: go back, yield
clērus-ī, m: priest (medieval word)
cochlea-ae, f: snail
coma-ae, f: head of hair
comitō, comitāre: follow, accompany
crātēra-ae, f: mixing bowl for wine, vent of volcano
crisis, crisis, f (medical term): crisis (of a disease)
dēsīderō, dēsīderāre: desire, want
fēstum-ī, n: festival, feast day, holiday
fortasse: perhaps
frīgus, frīgoris, n: cold
fugō, fugāre: put to flight
fulgur, fulguris, n: lightning bolt
fūrtum-ī, n: theft
garriō, garrīre: chatter
īgneus-a-um: fiery
īgnōrō, īgnōrāre: be ignorant of
imber, imbris, m: rainstorm
īris, īridis, f: rainbow
lentus-a-um: slow
licet (verb in third person sg only): it is permitted, permission is
    granted
nebula-ae, f: cloud
noctū (defect noun, in abl only): at night
obrēpō, obrēpere: crawl up to
palūs, palūdis, f: swamp
penitus: deep within
pestis, pestis, f: plague, epidemic
plangō, plangere: strike (also, "mourn," because beating the
    breast was a sign of grief)
plēbs, plēbis, f: the common people
poscō, poscere: ask, demand

praebeō, praebēre: gives, furnishes, exhibits
procella, procellae, f: storm
profectō: certainly, surely
properō, properāre: hasten
proprius-a-um: one's own
rōs, rōris, m: dew
satelles, satellitis, m&f: a follower (used here with the meaning of our modern satellite)
serta-ōrum, n: garlands of flowers (a prominent part of Roman parties)
sitiō, sitīre: be thirsty
sīve (subord conj): whether
somnium-ī, n: dream
spectō, spectāre: watch
spīrō, spīrāre: breathe
supplex (adj, gen *supplicis*): bending the knee, humble
tarditūdō, tarditūdinis, f: slowness
tēctum-ī, n: roof, house
terrēnus-a-um: pertaining to the earth
tingō, tingere: wet, dye
unguentum-ī, n: ointment (an important feature of Roman parties)
valeō, valēre: be strong, be healthy
vendō, vendere: sell
vestīmentum-ī, n: clothes
vetitus-a-um (participle of verb *vetāre*): forbidden

The *plain* meaning of the *Lūsus* in this Unit is: "You take (took) from forbidden things, he (Adam) is thirsty (for salvation), Eve is thirsty, we are thirsty."

UNIT 26

Trēs Fābellae

Dē Spartānō Claudō

Spartānī erant mīlitēs fortēs, ut mōnstrat nostra fābula.

Mīles Spartānus quīdam erat claudus. Rīdēbant eum quīdam, "Ecce, est mīles claudus quī in bellum īre vult!"

Respondet ille, "At mihī prōpositum est pūgnāre, nōn fugere."

Quaestiōnēs

1 Quāliter currere poterat noster mīles Spartānus?
2 Quāliter pūgnāre volēbat?

Quō Modō Discēs?

Fīlius: Mī pater, cūr taurī caudās longās, suēs autem brevēs gerunt?

159

Pater (ācta diurna legēns): Nesciō, mī filī. Cūr rogās?
Fīlius: Scīre volō. At, dīc¹ mihī, quō modō dormiunt elephantī?
Pater: Quid dīcere vīs?²
Fīlius: Utrum stantēs an jacentēs dormiunt?
Pater: Mihī quidem nōn nōtum est.
Fīlius: Quis erat imperātor Rōmānus optimus? Quis pessimus?
Pater: Dē Rōmānīs nōn cūrō. Omnēs mortuī sunt.
Fīlius: Quō tempore mittētur ad lūnam proxima nāvis Americāna?
Pater: Ad lūnam? Dē hāc rē virī doctī mē neglegunt.
Fīlius: Habeō alterās quaestiōnēs, mī pater. Utrum quaeram
    an tacēbo?
Pater: Quaere,¹ filī cāre, semper quaere! Quō modō discere
    poteris nisī quaeris?

Quaestiōnēs

1 Quid legēbat pater?
2 Quāliter respondēbat quaestiōnibus fīliī suī?
3 Quālia respōnsa dat pater?

Jūsta Dīvortiī Causa

Sub jūdice quīdam "Divortium" inquit "quaerō."
"Quā rē," respondet magistrātus, "uxōrem tuam repudiāre vīs?
Habēsne causam jūstam?"
"Ita; habeō."
"Quod vitium habet? Quō modō cēnam praeparat?"
"Bene coquit" ait ille.
"Tē verbīs molestīs irrītat?"
"Immō, domine; nātūrā benīgna est; ingenium mihī placet."
"Quid deinde est vitium?"
"Caprum in cubiculō nostrō habet."
"Sed quid dē caprō? Nocetne ille tibī?"
"Mihī nōn nocet, sed male olet et odōrem hunc perferre nōn
possum."
"At cūr, sī odor malus est, fenestram nōn aperīs?"
"Egōne fenestram aperiam? Hōc factō, volābunt ē cubiculō
omnēs meae avēs."

---

¹Command form of verb in addressing one person.
²"What are you trying to say?" "What do you mean?" *Vīs* is the second person singular of *vult*.

Quaestiōnēs

1 Quid petēbat quīdam ā jūdice?
2 Quālem causam dīvortiī, ut ipse ait, habēbat?
3 Quālem cēnam parābat uxor quam repudiāre volēbat?
4 Quō locō dormiēbat uxōris caper?
5 Quae animālia quoque in cubiculō habitābant?

Sententiae

1 Mediīs sitiēmus in undīs. Ovid

2 Nōn ergō fortūnā hominēs aestimābō sed mōribus; sibī quisque dat mōrēs, condiciōnem cāsus assīgnat. Macrobius

3 Sum quod eris. Grave inscription

4 Nōn sī male nunc et ōlim sīc erit. Horace

5 Dabit īra vīrēs. Seneca

6 Populus   . . . quī dabat ōlim
imperium, fascēs, legiōnēs, omnia, nunc sē
continet atque duās tantum rēs anxius optat,
pānem et circēnsēs. Juvenal
     The fasces, carried by the lictors in front of the con-
     suls, were a bundle of rods with an axe inside indica-
     ting the power to whip or execute. This symbol of
     authority appears on the United States dime.

7 Hodiē nūllus, crās maximus. Anonymous

8 Labōre vincēs. Motto

9 Post trēs saepe diēs vīlēscit piscis et hospes. Medieval

10 Sī caecus caecum dūcit, ambō in foveam cadunt.
Anonymous

11 Dīligēs Dominum Deum tuum, ex tōtō corde tuō et proxi-
mum tuum sīcut tē ipsum. New Testament

12 Animō imperābit sapiēns, stultus serviet. Publilius Syrus

13 Contumēliam sī dīcēs, audiēs. Plautus

14 Vitia erunt dōnec hominēs. Tacitus

15 Hodiē, nōn crās. Motto

16 In sūdōre vultūs tuī comedēs pānem tuum. *Genesis*

17 Magna est vēritās et praevalēbit. Anonymous

18 Quī quae vult dīcit quae nōn vult audiet. Terence (adapted)

19 Servābō fidem. Motto

20 Jūstus ut palma flōrēbit. *Psalms*

21 Laetus sorte tuā vīvēs sapienter. Anonymous

22 Nūllus ad āmissās ībit amīcus opēs. Ovid

23 Catō contrā mundum. Anonymous
Marcus Porcius Cato, who was bitterly opposed to Caesar, was admired for the high standards of his life. Although he was defeated, he was looked upon by later ages as an example of the stern republican virtues. In particular, to admire the great Cato was a way of indirectly criticizing the ruling family without incurring too much personal danger.

24 Caecus caecō dux. Medieval

25 Rēx erat Ēlisabeth, nunc est rēgina Jacōbus. Anonymous
Queen Elizabeth the First of England was a very strong ruler, while her successor, James the First, was much less so.

26 Quī amat perīculum in illō perībit. Anonymous

27 Is quī bibit hanc aquam, sī fidem addit, salvus erit. (Seen at famous spas)

28 Deus mihi prōvidēbit. Motto

29 Nōn semper erit aestās. Anonymous

30 Quō nōn ascendam? Motto
   Quō is a substitutor for *Quem ad locum.*

31 Quod hodiē nōn est, crās erit. Petronius

32 Arborēs serit dīligēns agricola, quārum aspiciet bācam ipse
   numquam: vir magnus lēgēs, īnstitūta, rem pūblicam nōn
   seret? Cicero

33 Intima cognōscēs per mōrēs exteriōrēs. Medieval

34 Vulpēs saepe viam per vītēs invenit aptam. Medieval

35 Hodiē ille, crās egō. Grave inscription

36 Omnia quae tua sunt post mortem nīl tibi prōsunt.
   Anonymous

37 Turbā muscārum fortis cōnfunditur ursus;
   Trōjam nōn poterat dēvincere sōlus Ulixēs. Medieval

Carmina

Animula, vagula, blandula,
hospes comesque corporis,
quae nunc abībis in loca?
Pallidula, rigida, nūdula
nec, ut solēs, dabis jocōs.

> This haunting little poem is by the Emperor Hadrian.
> Notice the exceptional number of diminutives (the forms
> that have -*ul*-). It is a melancholy poem, pointing out the
> slender threads by which life is kept in the body. He is
> not quite sure where the soul will go after death, but it
> seems clear that he believes that it won't be any place
> where it can continue to enjoy frivolous pastimes.

"Prīmus" mihī nōmen erat, dum vīta manēbat.
Rēgna īnfrā caelī fraudātus lūce quiēscō.
Jam sēcūra quiēs, nūllum jam vītae perīc'lum.
Grave inscription

> Grave inscriptions have a strange fascination for many
> people. Thousands upon thousands of Latin inscriptions
> have been discovered, of which we have chosen a few.
>
> In this poem there is a new preposition *infrā* which
> patterns with the accusative; two-syllable prepositions
> like *infrā* sometimes follow the word they govern, rather
> than precede them. Thus, instead of *infrā rēgna*, the
> inscription reads *rēgna infrā*.
>
> The thought expressed is commonly found on Roman tomb-
> stones. Death, although a cessation of all activities, is
> to be welcomed because life is only a series of difficulties.

Pompejōs juvenēs Asia atque Eurōpa, sed ipsum
    terra tegit Libyēs, sī tamen ūlla tegit.
Quid mīrum tōtō sī spargitur orbe? Jacēre
    ūnō nōn poterat tanta ruīna locō. Martial

> To understand this poem, you have to know about Pompey
> the Great, a member of the so-called First Triumvirate.
> He was defeated by Caesar and treacherously killed in
> Egypt (which here is called Libya).
>
> After his death, his two sons continued the fight against
> Caesar. The older one was killed in Spain at the battle of
> Munda. The younger brother, Sextus, took an active
> part in the civil wars which followed the death of Caesar
> and made himself virtual master of the Mediterranean.
> However, his fleet was defeated by Agrippa, a faithful
> officer of the man who was later to become the Emperor
> Augustus. Sextus fled to Asia where he was put to death.
>
> Thus, the father died in Africa, one son in Europe, and
> the other son in Asia. Since Pompey, like Cato, was an
> opponent of Julius Caesar and of Augustus, praise of
> Pompey was one way of indirectly criticizing the ruling
> imperial family.

164

The form *Libyēs* in the second line is a Greek genitive. The point of the *si* clause in the same line is that Pompey was buried by his freedman and the site of his burial was unknown.

Tempore fēlicī multī numerantur amīcī;
si fortūna perit, nūllus amicus erit. Medieval

Semper pauper eris, si pauper es, Aemiliāne.
Dantur opēs nūllis nunc nisi divitibus. Martial

There have been many imitators of Martial, and here is one from the 17th century. The author incorporates the two lines which you have just read.

Pauper eram, pauper sum, pauper erō (puto) semper.
Causam commōnstrat, Menne, poēta tibī:
"Semper eris pauper sī pauper es, Aemiliāne;
dantur opēs nūllis nunc nisi divitibus." Parkhurst

Uxōrem dūcēs Faustam? Nōn haec tibi, Alexī,
nūbet; divitiis nūbet at illa tuis. Parkhurst

Lūsūs

Here are two more word games.

The preposition *super*, which takes the accusative, means "above"; "*Ō*" is over the "*be*," and the verb *supersum, superesse* means "to be left over." For additional help, there is a similar English puzzle which was used as an address on an envelope: Wood
        John
        Massachusetts

For a last hint, keep in mind a certain town in Massachusetts called Andover.

Ō   quid   tuae
be,   est   biae?

The second is a *lūsus* of a different sort. It depends upon the fact that *ter* means "three times" and that *bis* means "twice."

```
ra          ram ‾
                ī
ra es et in ram ‾
                ī
ra          ram
```

English Derivatives

ANXIous
CAPRicious
CONDItION
CONFoUND
FASCIst

INFRAred
REPUDIAte
SPARSe
eSTIMATE
VITIculture

Vocabulary

ācta diurna, āctōrum diurnōrum, n: record of daily events (in modern usage, a "newspaper")

ambō, ambae, ambō (irreg adj): both

animula-ae, f: diminutive of *anima*

aptus-a-um: suitable, useful

bāca-ae, f: small fruit (particularly the olive)

blandulus-a-um: charming

caper, caprī, m: goat

comedō, comedere: eat

commōnstrō, commōnstrāre: indicate clearly

condiciō, condiciōnis, f: situation

contumēlia-ae, f: abuse

coquō, coquere: cook

cubiculum-ī, n: bedroom

dīvortium, dīvortiī, n: divorce

dōnec (subord conj): as long as, while

fascis, fascis, m: bundle

fenestra-ae, f: window

fraudō, fraudāre: cheat (patterns with abl of what one has been cheated of)

immō (sentence connector): no indeed, I beg your pardon, etc.

infrā (prep w acc): beneath

legō, legere: pick, choose, read
mīrus-a-um: wonderful
molestus-a-um: troublesome, annoying
nūdulus-a-um: naked
nunc (substitutor): now, at this time
ōlim (substitutor): (an indefinite time in the past, present or
    future) someday, once upon a time
optō, optāre: wish for, want
palliduluo a um. pale
prōpositus-a-um: decided
repudiō, repudiāre: divorce
rigidus-a-um: unbending, inflexible
ruīna-ae, f: collapse (as of a building), catastrophe
serō, serere: sow
servō, servāre: preserve, keep
spargō, spargere (participle *sparsus*): spread, scatter
sūdor, sūdōris, m: sweat, perspiration
supersum, superesse: be left over, remain
tegō, tegere: cover
ursus-ī, m: bear
vagulus-a-um: wandering
vilēscō, vilēscere: start to go bad, spoil
vītis, vītis, f: vine

UNIT 27

Carmen

Like *In Illō Colle*, the following is a Latin version of a story you know well. There are many new words, but if you read the poem as a whole you will understand the meaning of almost all of them from their context.

There is one new construction. A handful of Latin words have a special form that means "at" or "in." The form *domi* in this poem means " in the house" or " at the home."

Domus Jacōbī

Fabricāvit hanc domum Jacōbus.

Adest hordeum
quod domī Jacōbī jacēbat.

Adest mūs
quae hordeum ēdit
quod domī Jacōbī jacēbat.

Adest fēlēs
quae mūrem necāvit
quae hordeum ēdit
quod domī Jacōbī jacēbat.

Adest canis
quae fēlem vexāvit
quae mūrem necāvit
quae hordeum ēdit
quod domī Jacōbī jacēbat.

Adest vacca prāvē cornūta
quae canem jactāvit
quae fēlem vexāvit

quae mūrem necāvit
quae hordeum ēdit
quod domī Jacōbī jacēbat.

Adest virgō, misera, maesta
quae vaccam mulgēbat prāvē cornūtam
quae canem jactāvit
quae fēlem vexāvit
quae mūrem necavit
quae hordeum ēdit
quod domī Jacōbī jacēbat.

Adest vir valdē pannōsus
quī virginem ōsculat miseram, maestam
quae vaccam mulgēbat prāvē cornūtam
quae canem jactāvit
quae fēlem vexāvit
quae mūrem necāvit
quae hordeum ēdit
quod domī Jacōbī jacēbat.

Adest clērus et rāsus et tōnsus
mātrimōniō quī jūnxit virum pannōsum
quī virginem ōsculat miseram, maestam
quae vaccam mulgēbat prāvē cornūtam
quae canem jactāvit
quae fēlem vexāvit
quae mūrem necāvit
quac hordeum ēdit
quod domī Jacōbī jacēbat.

Adest gallīnāceus cottīdiē canēns
quī clērum citāvit et rāsum et tōnsum
mātrimōniō quī jūnxit virum pannōsum
quī virginem ōsculat miseram, maestam
quae vaccam mulgēbat prāvē cornūtam
quae canem jactāvit
quae fēlem vexāvit
quae mūrem necāvit
quac hordeum ēdit
quod domī Jacōbī jacēbat.

Agricola adest, sēmina spargēns
cui est gallīnāceus cottīdiē canēns
quī clērum citāvit et rāsum et tōnsum
mātrimōniō quī jūnxit virum pannōsum
quī virginem ōsculat miseram, maestam
quae vaccam mulgēbat prāvē cornūtam
quae canem jactāvit
quae fēlem vexāvit
quae mūrem necāvit
quae hordeum ēdit
quod domī Jacōbī jacēbat.

Quaestiōnēs

1 Quō locō jacēbat hordeum?
2 Quod animal possidēbat agricola?
3 Quem in mātrimōnium dūxit vir inops?
4 Ā quō clērus cottīdiē excitātus est?
5 Quem necat fēlēs?
6 Cui nocuit canis?
7 Quālia cornua gerit vacca?

Illūstrātiō

This script of the filmstrip, *Vita Jūlii Caesaris*, with miniature reproduction of the pictures, is intended chiefly as review for students who have seen the filmstrip with these same captions.

Vita Jūlii Caesaris

1. Ecce Caesar! Estne tyrannus an vir summae clēmentia_?

170

2. Gajus Jūlius Caesar multa mīlia hominum in bellō necāvit sed suam "clēmentiam" saepe laudāvit.

3. Imperātōrēs recentēs saepe nōmen "Caesarem" sibī sūmunt. At qui tyrannicē agit quoque "Caesar" nōminātur.

4. Vīvus per favōrem populī Rōmānī "Pater Patriae" appellābātur.

5. Sed ā senātōribus necātus est. Post mortem in numerum deōrum acceptus est.

6. Caesare cōnsule, annō quīnquāgēsimō nōnō ante Christum nātum fīnēs reī pūblicae tam lātē patēbant.

171

7. Rōma erat caput mundī. In mediā urbe erat Forum Rōmānum.

8. Cum Caesar juvenis erat, senātus Rōmānus orbem terrārum et auctōritāte et imperiō regēbat.

9. Ōrdō senātōrius creātus est dē gentibus nōbilibus vel dē "novīs hominibus," quī ex humilī orīgine factīs suīs in rē pūblicā excellēns fuit.

(No picture)

10. Erant duo aliī ōrdinēs, equester et plebejus. Equitēs erant virī quī satis magnam pecūniam possidēbant. Magnā ex parte plēbs cōnstābat ē pauperibus, sine auctōritāte, paene sine spē. Hōc tempore pecūnia sōla Rōmam regēbat.

11. Ex hāc inaequālitāte ōrdinum crēscēbat discordia, odium, bellum cīvile.

12. Ergō erant in rē pūblicā duo genera hominum . .

13. . . . paucī hominēs dīvitēs, sīve senātōrēs vel equitēs, quī reī pūblicae imperābant . . .

14. . . . et inopēs multī, quī ex parte sūmptū pūblicō nūtriēbantur.

15. Causa hujus paupertātis erat labor servōrum, quī saepe bellō captī erant.

16. Propter multitūdinem servōrum, līberīs difficile erat operam suam locāre. In prīmīs, servī in agrīs maximīs, quī "lātifundia" nōminābantur, labōrābant. Jam labor servīlis, nōn opera līberōrum, erat fundāmentum agricultūrae Rōmānae. Agricolae inopēs, quī nūllōs vel paucōs servōs possidēbant, lucrum ex agricultūrā facere nōn poterant.

(No picture)

17. Multī inopēs agrum suum vendēbant et ad Urbem migrāvērunt . . .

18. . . . ubī in īnsulīs squālidīs cum multīs aliīs inopibus habitābant. Quō modō rūsticus in Urbe labōrāre poterat?

19. Per lūdōs et pompās, magistrātūs plēbem dēlectāre temptāvērunt. Sed paupertās spectāculīs nōn satiātur; multī novīs rēbus studēbant.

20. "Per vim hās rēs pretiōsās occupāre poterimus," putant multī.

21. Hīs temporibus perīculōsīs ēducābātur parvus Jūlius. In lūdō puerī operam artī ōrātōris dabant.

174

22. Nōbilēs quī populum adjuvant et in vicem ā plēbe adjuvantur "Populārēs" vocantur, quibus oppōnuntur "Optimātēs." Caesar etiam adulēscēns favōrem plēbis quaerēbat.

23. Multa beneficia et dīvitibus et inopibus dedit. Optimātēs potentiam ejus crēscentem metuēbant.

24. Cursum honōrum iniit. Jūdex sevērus et jūstus fuit.

25. Magistrātūs quī "aedilēs" vocābantur spectācula exhibēre solēbant. Caesar aedīlis lūdōs sūmptuōsōs dedit et cum collēgā, Mārcō Crassō, ct sōlus.

26. Quīnquāgēsimō nōnō (LIX) annō ante Christum nātum cōnsul creātus est cum Mārcō Calpurniō Bibulō, quem Optimātēs adjuvābant.

27. Caesar erat ōrātor ēloquēns. Ingenium ejus multōs amīcōs, permultōs inimīcōs fēcit.

(No picture)

28. Bibulus autem erat inūtilis, quī dēspērāns dē officiō suō mox in domum suam sē recēpit et nihil in cōnsulātū ēgit nisī ōmina mala nūntiāvit. Sōlus administrāvit Caesar. Sed erant in rē pūblicā duo aliī virī potentēs, quōrum ūnus erat . . .

29. . . . Crassus, quī opēs et ambitiōnem praeter omnēs aliōs possidēbat. Alter erat . . .

30. . . . Pompejus, propter victōriās suās "Magnus" vocātus, quī favōrem Optimātum conciliābat.

31. Hic triumvirātus orbem terrārum inter sē dīvīsit. Pompejus exercitum in Hispāniam, Crassus in Asiam dūxit.

32. Auxiliō Pompejī Crassīque contrā voluntātem Optimātum, Caesar sibī Galliam cēpit.

33. Gallia, jam invicta, proxima fīnibus reī pūblicae erat. Multōs per annōs Rōmānī Gallōs metuēbant.

34. "Gallia est omnis dīvīsa in partēs trēs, quārum ūnam incolunt Belgae, aliam Aquītānī, tertiam quī ipsōrum linguā 'Celtae,' nostrā 'Gallī' appellantur," scrībit Caesar in Commentāriīs suīs.

35. Postquam Caesar sex annōs bellum gessit, Vercingetorīx, dux Gallōrum, tumultum commōvit et mox omnis Gallia in armīs contrā Caesarem fuit.

36. Difficile fuit Vercingetorīgem vincere. Hīc Caesar cum lēgātīs suīs cōnsilium capit.

177

37. Exercitātiōne disciplīnāque Rōmānī barbarōs Gallōs longē superāvērunt.

38. Post bellum ferōx et arduum Vercingetorīx captus et posteā in triumphō Caesaris ductus est. Deinde in carcere interfectus est.

39. Caesar amīcīs suīs scrībit: "Decem annōs bellum in hāc regiōne gessī. Jam ad Urbem redīre et cōnsulātum alterum petere volō."

40. Sed erat magna difficultās, quam nunc lēgātō suō explicat: "Sī legiōnēs meās trāns fīnēs prōvinciae dūcam, contrā voluntātem senātūs agam. Sed sī eās dīmittam, erō inops."

41. Societās "Triumvirōrum" jam frācta est. Crassus mortuus erat in Asiā; Pompejus cum Optimātibus sē Caesarī opposuit.

178

42. Caesar flūmen Rūbicōnem (quod erat fīnis prōvinciae suae) trānsiit et ad Urbem iter fēcit. Pompejus, cum duōbus cōnsulibus et multīs Optimātibus, ad Graeciam fūgit. Caesar bellum cīvīle contrā Pompejum quīnque annōs gessit et tandem victor fuit.

(No picture)

43. Caesar quīnque triumphōs ēgit propter victōriās suās.

44. Saepe creātus cōnsul, sē dictātōrem in perpetuum fēcit. Nōn erat rēx, sed sōlus imperium tenēbat.

45. Sed erat prīnceps sapiēns et benīgnus. Clēmentiam etiam in suōs inimīcōs praebuit.

46. Per ēdicta sua cultum Rōmānum etiam ad prōvinciās longinquās tulit. Hīs operibus fundāmentum Imperiī Rōmānī exstrūxit.

179

47. Suffrāgium multīs gentibus dedit.

(No picture)

48. Populārēs Caesarem dilēxērunt. Sed inter Optimātēs crēscēbat invidia. Sexāgintā senātōrēs equitēsque perīculōsum cōnsilium cēpērunt. Conjūrātiōnem fēcērunt et . . .

49. . . . Īdibus Mārtiīs in Cūriā eum insidiīs oppressērunt.

50. At hoc crīmen vānum fuit. Octāviānus, posteā "Augustus" nōminātus, mortem Caesaris vindicāvit et ipse prīnceps factus est.

51. Per saecula quīnque rēs pūblica ab Imperātōribus regēbātur. Hīc vidēmus Trajānum, quī ūnus dē "Imperātōribus Bonīs" fuit.

52. Virī ex multīs gentibus cīvēs Rōmānī factī sunt.
Rōma fēcit ūnam urbem quod anteā orbis erat.

Quaestiōnēs

1 Quī Jūlium Caesarem necāvērunt?
2 Ex quō ōrdine erat Caesar ipse?
3 Quot ōrdinēs in rē pūblicā Rōmānā erant?
4 Quid erat ōrdō summus? Medius? Īmus?
5 Cujus artem discēbat Caesar juvenis?
6 Quī magistrātūs mūnera vel lūdōs populō dabant?
7 Quōs duōs collēgās habēbat in triumvirātū Caesar?
8 Quem collēgam habēbat in cōnsulātū suō?
9 Quī ex Caesare suffragium accipiunt?
10 Ā quō vindicāta est mors Caesaris?

Sententiae

1 Nātūra . . . sēmina nōbīs scientiae dedit; scientiam nōn dedit. Seneca

2 Ēripuit caelō fulmen scēptrumque tyrannīs. Turgot (about Benjamin Franklin)

3 Egō sum rēx Rōmānus et suprā grammaticam. King Sigismund the First (?)

4 Nūllum magnum ingenium sine mixtūrā dēmentiae fuit. Seneca

5 Incidit in foveam quam fēcit. Anonymous

6 Nec quae praeteriit iterum revocābitur unda,
nec quae praeteriit hōra redīre potest. Ovid

7 Nōn ego sum stultus, ut ante fuī. Ovid

8 Levis est Fortūna: citō reposcit quod dedit. Publilius Syrus

9 Nūllum quod tetigit nōn ōrnāvit. Oliver Goldsmith's epitaph,
written by Samuel Johnson

10 Afflāvit Deus et dissipantur. Motto on medal commemorating defeat of Spanish Armada

11 Ōdimus quem laesimus. Anonymous

12 Lāta porta et spatiōsa via quae dūcit ad perditiōnem, et
multī sunt quī intrant per eam. New Testament

13 Quī per virtūtem periit . . . nōn interit. Plautus

14 Flet victus, victor interiit. Anonymous

15 Deus dedit, Deus abstulit. *Job*

16 Nē Herculēs quidem contrā duōs. Anonymous

17 Nōn obiit, abiit. Grave inscription

18 Quī plantāvit cūrābit. Theodore Roosevelt

19 Minimum ēripit Fortūna cum minimum dedit. Anonymous

20 Amor ōdit inertēs. Ovid

21 Et servī hominēs sunt et aequē ūnum lactem bibērunt,
etiam sī illōs malus fātus oppressit. Petronius
Lac is usually a neuter noun. In this sentence, however,
lactem is accusative masculine. The sentence is taken
from a story about a disreputable group of characters,
written in the first century A.D. The existence of this
accusative form *lactem* in place of the standard *lac* indicates

that in the popular language of the time the neuter *lac* had changed to masculine.

There is another example in the sentence of a neuter noun which is masculine here. The neuter finally disappeared from all the Romance languages.

22 Ōdērunt hilarem trīstēs, trīstemque jocōsī, ōōdātum cʊleɪēs, agilem gnāvumque remissī. Horace

23 Capitur urbs quae tōtum cēpit orbem. Anonymous
This is said to have been written by St. Jerome on learning of the capture of Rome by Alaric in 410 A.D.

24 Nārrātis quod nec ad caelum nec ad terram pertinet. Petronius

25 Habeō senectūtī magnam grātiam, quae mihī sermōnis aviditātem auxit, pōtiōnis et cibī sustulit. Cicero

26 Nēminem pecūnia dīvitem fēcit. Seneca

27 Quī extrēmum rīsit optimē rīsit. Anonymous
Extrēmum rīsit is an adverbial use of the accusative, meaning "who laughed last."

28 Numquam, ubī diū fuit ignis, dēficit vapor. Anonymous

29 Multī multa, nēmō omnia nōvit. Anonymous

30 Dominus dedit. Motto

31 Dīmidium factī quī coepit habet. Horace

32 Fortūnātus et ille deōs quī nōvit agrestēs. Vergil

33 Bonīs nocet quisquis pepercit malīs. Anonymous

34 Vērus amor nūllum nōvit habēre modum. Propertius

35 Per nūllam sortem poteris dēpellere mortem. Medieval

36 Quod nēmō nōvit paene nōn fit. Apuleius

37 Fēlix qui potuit rērum cognōscere causās
atque metūs omnēs et inexōrābile fātum
subjēcit pedibus. Vergil

38 Qui parcit virgae ōdit filium suum. *Proverbs*

39 Adam primus homō damnāvit saecula pōmō. Medieval

40 Beāta mors quae ad beātam vītam aditum aperit. Burton

41 Christiānōs ad leōnem! Tertullian

42 Hoc fuit, est, et erit: similis similem sibi quaerit. Medieval

Carmina

Ego adhūc adulēscēns fēcī monumentum mihī.
Grave inscription

Sine lite et questū ūllius vīxī cum fidē.
Quī bene cognō'runt, vītam laudā'runt meam.
Post vītam honestam aeternam dēvēni domum.
Grave inscription

> *Ūllus*, like *nūllus*, *ūnus*, and *alter*, has the genitive singular
> in *-ius*. The word *domum*, like names of cities, is frequently
> used with verbs of motion without any preposition like
> *ad; dēvēni domum* means "I have come home."

Hospes, quod dīcō paulum est; adstā ac perlege.
Hic est sepulchrum haud pulchrum pulchrae fēminae.
Nōmen parentēs nōminā'runt Claudiam.
Suum marītum corde dīlēxit suō.
5 Nātōs duōs creāvit. Hōrum alterum
in terrā linquit, alium sub terrā locat.
Sermōne lepidō, tum autem incessū commodō.
Domum servāvit; lānam fēcit. Dixī. Abī. Grave inscription

In this inscription, which appears in the EBE sound film, *Ingenium Rōmae*, there are three imperatives (the command form of the verb): *adstā* ("stand"), *perlege* ("read"), and *abī* ("go away"). In line 2 notice the word play between *sepulchrum* and *haud pulchrum*.

Aut Asia aut Eurōpa tegit aut Āfrica Magnōs.
Quanta domus, tōtō quae jacet orbe, fuit! Seneca

This epigram, attributed to Seneca, is similar to the thought expressed in Unit 26 by Martial about the fall of the mighty house of Pompey.

Dīcere dē Libycīs reducī tibi gentibus, Āfer,
continuīs voluī quīnque diēbus "Avē!"
"Nōn vacat," aut "Dormit," dictum est bis terque reversō.
Jam satis est. Nōn vīs, Āfer, avēre. Valē. Martial

To understand this poem, you need to know that the Romans' customary word of greeting at this time was *Avē*, an imperative meaning "Be healthy." It is used only in the imperative or, as in this poem, in the infinitive. The word used in saying goodbye was *Valē*, another imperative having about the same meaning of "Be healthy"; but *Avē* was used when meeting someone, and *Valē* when leaving him.

In the second line, *voluī* is the present perfective (#5 form) of the irregular verb *vult*, meaning "I tried." In the third line, *reversō* modifies the understood pronoun, *mihi. Bis terque reversō* means "when I came back a second and third time."

Ēmit lacernās mīlibus decem Bassus
Tyriās colōris optimī. Lucrifēcit.
"Adeō bene ēmit?" inquis. Immō; nōn solvet. Martial

Decem mīlibus means "10,000 sesterces." It is difficult to equate the value of ancient coinage with that of modern coinage. It is more important to know that one of the main industries of the city of Tyre and the city of Carthage (a colony of Tyre) was the manufacture of "purple" dye, similar to our crimson, and *very* expensive.

185

Dē Crētātā Faciē

Cum crētam sūmit, faciem Sertōria sūmit.
  Perdidit ut crētam, perdidit et faciem. Seneca

Omnēs, quōs scrīpsī, versūs vult Galla vidēre.
  Mittam ego, prō librīs sī mihi labra dabit. Sannazaro

  The point of this epigram is the contrast between *liber*
  ("book") and *labrum* ("lip").

Aelius est morbō correptus convaluitque.
  Ast medicum ut vīdit Simplicium, periit. Parkhurst

  Ast is a variant of *at*.

Lūsus

Te saluto, alma Dea, Dea generosa,
O gloria nostra, O Veneta regina!
In procelloso turbine funesto
tu regnasti serena; mille membra
5 intrepida prostrasti in pugna acerba.
Per te miser non fui, per te non gemo,
Vivo in pace per te. Regna, O beata!
Regna in prospera sorte, in pompa augusta,
In perpetuo splendore, in aurea sede!
10 Tu serena, tu placida, tu pia,
Tu benigna, me salva, ama, conserva!

  Once again the long quantities are purposely not marked,
  and the usual apostrophe is omitted in *rēgnā'sti* and
  prōstrā'sti. To understand why this is a *lūsus*, you will have
  to show it to someone who knows Italian. Or perhaps this
  hint will be enough to help you guess the point.

  There are four command forms of the verb: *regna* (*rēgnā*),
  salva (*salvā*), *ama* (*amā*), and *conserva* (*cōnservā*).

English Derivatives

AGILE   inCARCERate
AUCTion   DISSIPATion
AUGment   INERT

LACTic   eRASe
deLEGATion   SEDATe
reLINQUIsh   disSEMINate
LUCRe   TONSorial
POMPous   VACCinate

Vocabulary

Beginning with this Unit, the principal parts of all verbs will
be given. For First Conjugation verbs whose principal parts
are regular, only the first form will be given, followed by (1).
Thus, *ēducō, ēducāre, ēducāvī, ēducātus* is listed as *ēducō* (1).

adulēscēns, adulēscentis, m&f: young person (much wider
    in range than our term "adolescent," ranging from about
    age 15 to 30; the terms *adulēscēns* and *juvenis* tend to
    overlap)
aequē (adv from *aequus*): equally
agrestis-e: belonging to countryside
almus-a-um: nourishing
anteā (substitutor): formerly, before this
arduus-a-um: difficult
augeō, augere, auxī, auctus: increase
avē (also has the inf form *avēre*): hello
canō, canere, cecinī: sing; (here, of a rooster) crow
carcer, carceris, m: prison
citō (1): arouse, wake
clēmentia-ae, f: kindness
coepī (defective verb having only the perfective system):
    have begun
collēga-ae, m: fellow official, colleague
commodus-a-um: attractive, graceful
conciliō (1): win over
conjūrātiō, conjūrātiōnis, f: conspiracy
continuus-a-um: continual
convalēscō, convalēscere, convaluī: get well
cornūtus-a-um: having horns
cottīdiē (substitutor): daily
crēta-ae, f: chalk, powder (used as cosmetic)
crētātus-a-um: covered with chalk (or powder)
Cūria-ae, f: Senate house

187

dissipō (1): scatter
dīvidō, dīvidere, dīvīsī, dīvīsus: divide
ēducō (1): teach, educate
exercitātiō, exercitātiōnis, f: practice, training
explicō (1): explain
fabricō (1): build
fūnestus-a-um: deadly
gallināceus-ī, m: rooster
gemō, gemere, gemuī: groan
generōsus-a-um: of noble birth, excellent
gnāvus-a-um: busy, active (opposite of *ignāvus*)
hordeum-ī, n: barley, malt
Īdūs, Īduum, f (pl): the Ides (one of the three days in the
    month in the Roman calendar from which other days
    were reckoned, the other two being the Nones and the
    Calends; the Ides occurred on the 15th day of March,
    May, July, and October, and on the 13th day in the
    other months)
incessus-ūs, m: step, motion
incolō, incolere, incoluī, incultus: inhabit
iners (adj, gen *inertis*): lazy
inexōrābilis-e: that which cannot be moved by prayer
interficiō, interficere, interfēcī, interfectus: kill
intrepidus-a-um: brave
invidia-ae, f: envy, jealousy
jungō, jungere, jūnxī, jūnctus: join
labrum-ī, n: lip
lac, lactis, n&m: milk
lacerna-ae, f: cloak
lāna-ae, f: wool
lātifundium-ī, n: large estate
lēgātus-ī, m: officer of high rank (perhaps corresponding to
    our "general")
Libycus-a-um: African
linquō, linquere, līquī, lictus (poetical form for more common
    verb *relinquō*): leave behind
locō (1): place (*operam suam locāre* means "find a job," or,
    more literally, "place their work")
lucrifaciō, lucrifacere, lucrifēcī, lucrifactus: make a profit
lucrum-ī, n: gain
marītus-ī, m: husband

Mārtius-a-um: pertaining to the month of March
mātrimōnium-ī, n: marriage
modo (weak qualifier): only, just, just recently (*quis modo* means "who, for goodness' sakes" or something similar)
morbus-ī, m: sickness
mox: soon
mulgeō, mulgēre, mulsī, mulsus: milk
ōmen, ōminis, n: prophetic sign, omen
ōsculō (1): kiss
pannōsus-a-um: ragged
parcō, parcere, pepercī (w complement in dat): spare
paulus-a-um: little
pius-a-um: conscientious, good, dutiful, holy
pompa-ae, f: procession
posteā (substitutor): afterwards
postquam (subord conj): after
prāvē (adv): badly
procellōsus-a-um: stormy
prōsternō, prōsternere, prōstrāvī, prōstrātus: lay low
questus-ūs, m: complaint
quīnquāgēsimus-a-um: fiftieth
rāsus-a-um: shaven
recēns (adj, gen *recentis*): modern
redux (adj, gen *reducis*): brought safely back home
rūsticus-a-um: belonging to the country; (as noun, m&f) country person
scēptrum-ī, n: scepter (symbol of authority)
sēmen, sēminis, n: seed
sempiternus-a-um: eternal
spargō, spargere, sparsī, sparsus: sow, scatter
suffrāgium-ī, n: right to vote
sūmptus-ūs, m: expense
tōnsus-a-um: with one's hair cut; shorn
triumvirātus-ūs, m: committee of three men
tumultus-ūs, m: rebellion
turbō, turbinis, m: whirlwind
vacca-ae, f: cow
vacō (1): be at leisure
valdē (qualifier): very much
Venetus-a-um: belonging to Venice
vindicō (1): avenge

UNIT 28

Illūstrātiō

The following is the script of the filmstrip called *Architectūra Rōmāna*, with a small reproduction of each picture. It is placed here for review purposes for students who have seen the filmstrip or worked with the Study Prints, "Historical Reconstructions of Rome" and "Historical Reconstructions of Pompeii."

Architectūra Rōmāna

(No picture)

1. In pictūrīs quās vidēbitis ruīnae erunt Rōmae hodiernae. Auxiliō pictōris haec aedificia vāstāta renovāta erunt. Exemplī grātiā, in pictūrā quae succēdet' vidēbitis cōnspectum Rōmae hodiernae bene nōtum, quī est . . .

2. . . . . Forum Rōmānum. Sed praeter arcum triumphālem, quī dextrā exstat, omnia vāstāta sunt.

3. Ecce! Per artem pictōris urbs jam renovāta est. Quam distat ā pictūrā superiōre.

4. DĒ TEMPLĪS RŌMĀNĪS: Rōmānī antiquī aedificia sacra nōn habēbant sed nūmina nātūrae sub caelō colēbant. Sed posteā templa aedificābant similia templīs Graecīs. Dē hīs aedificiīs magnā ex parte nihil nisī fundāmenta restat. Paene omnia templa Rōmāna quae hodiē exstant sunt temporibus reī pūblicae populāris aut Imperiī.

(No picture)

5. Hīc vidētis templum Rōmānum. Multīs modīs simile Graecō templō est, aliīs modīs dissimile.

6. Prīmō, templum Graecum situm est in fundāmentō humilī, quod "stylobata" vocātur. Ante templum posita est āra, in quā sacerdōtēs victimās caedēbant.

7. Hae sunt ruīnae templī Apollinis, quod in Forō Pompejānō situm est. Estne fundāmentum altum an humile?

8. Altum fundāmentum Rōmānum podium nōminātur. Quid est nōmen humilis Graecī fundāmentī? Templum Graecum in locō remōtō stābat; templum Apollinis mediō in Forō est.

(No picture)

191

9. Aspectus templī renovātī. Hanc speciem praebuit, ut putāmus, saeculō tertiō ante Christum nātum. Mōre Graecō, ante templum est āra.

10. Erant tria genera columnārum. Columna Dōrica erat sevēra, Iōnica gracilis, Corinthia ōrnāta et magnifica.

11. Cujus generis sunt columnae nostrī templī Apollinis? Dōricī? Corinthiī? Iōnicī?

(No picture)

12. FORUM RŌMĀNUM VEL FORUM MAGNUM:
Redībimus ad Forum Magnum, quod sēdēs imperiī fuit. Hīc fuērunt arcūs triumphālēs et columnae, hīc templa sacra, hīc aedificia pūblica.

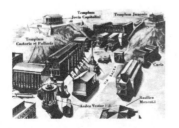

13. Hīc Forum Magnum renovātum est. Sed nēmō mortālium hunc cōnspectum Forī umquam vīdit. Aedificia variīs saeculīs inter sē commixta sunt.

192

14. Omnēs peregrīnātōrēs quī ad urbem Rōmam iter faciunt per hās ruīnās ambulant. Putant nōn nūllī, "Ex hīs ruīnīs squālidīs prōvēnit Imperium Rōmānum?"

15. Ecce! Idem Forum ut erat (sī nostrō pictōrī crēdere possumus) temporibus Imperiālibus.

16. In Forō Magnō sunt multa monumenta grandia, quae nōbīs memoriam ducum clārōrum revocant. Inter quae sunt columnae et arcūs triumphālēs.

(No picture)

17. Laevā stant columnae, dextrā arcus Septimiī Sevērī, initiō tertiī saeculī post Christum nātum aedificātus.

18. Quō modō vocātur via quae per arcum Septimiī dūcit? Cujus templum in summō colle Capitōlīnō positum est?

193

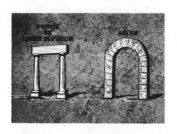

19. In aedificiīs Graecīs inveniuntur multī postēs, quī līmina sustinent. In aedificiīs Rōmānīs, autem, sunt permultī arcūs.

20. Ex complūribus arcibus factae sunt "camerae caelī."

21. Hoc fuit speciēs Basilicae Maxentiī, quārtō saeculō post Christum nātum aedificātae.

22. Hīc vidēmus ruīnās ejusdem basilicae. Ut Vergilius dē Hectore mortuō squālidōque: "Quantum mūtātus ab illō!"
(In Vergil's *Aeneid*, the dead Hector, all bloody and dirty, appears to Aeneas in a dream. Aeneas says, "How changed from the Hector who formerly returned with plunder from battle!")

(No picture)

23. DĒ BASILICĀ MAXENTIĪ: In hīs basilicīs et rēs et causae agēbantur. Basilica quam suprā vīdistis ab Imperātōre Maxentiō quārtō saeculō p. Chr. n. aedificāta est. Pars interior praeter fidem sūmptuōsa est. Effigiēs Imperātōris Cōnstantīnī colossus erat, aequālis altitūdinī decem hominum.

24. In hāc figūrā vidēre potestis camerās caeli, arcūs, porticūs Basilicae Maxentii.

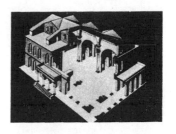

25. Hīc est situs Circī Maximī, ut hodiē exstat.

26. Rōmāni crēbri spectātōrēs fuērunt. Conveniēbant in hunc Circum Maximum trecenta milia hominum.

(No picture)

27. Hanc speciem praebuit Circus Maximus tempore Cōnstantīni. Aurigae equōs agēbant circum mūrum humilem, "spīnam" nōmine.

28. COLOSSĒUM: Quis ignōrat Colossēum Rōmānum? Hīc sedēbant quīnquāgintā mīlia spectātōrum, hīc pūgnābat vir cum virō et vir cum bēstiā, hīc, ut trāditum est, periērunt martyrēs Christiānī. Mediīs in saeculīs cantātum est:
    Quam diū stābit Colysēus, stābit et Rōma;
    quandō cadet Colysēus, cadet et Rōma;
    quandō cadet Rōma, cadet et mundus.

(No picture)

29. Quam magnificam ruīnam cōnspicere possunt peregrīnātōrēs hodiernī!

30. Hīc est Colossēum, ut exstābat prīmō saeculō post Christum nātum. Statua colossēa quam dextrā cōnspicitis Imperātōris Nerōnis est.

31. Hīc sedēbant quīnquāgintā mīlia spectātōrum. In mediō exstant caveae subterrāneae ubī conclūdēbantur ferae bēstiae.

(No picture)

32. DĒ THEĀTRŌ: Praeter lūdōs gladiātōriōs erant lūdī scaenicī, quī erant fābulae ad āctum scaenārum compositae. In theātrīs Rōmānīs plērumque tragoediae Graecē, cōmoediae Latīnē āctae sunt.

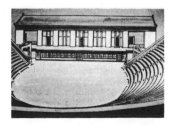

33. Spectātis figūram theātrī Graecī, cujus ad exemplar aedificābant Rōmānī. Sed aliquantum differt. Theātrum Graecum in clīvō stat . . .

196

34. . . . sed theātrum Rōmānum in locō plānō.

35. Pompejīs hodiē exstat hoc theātrum bene cōnservātum. Locus ubī sedēbant spectātōrēs "cavea" dictus est.

36. Hīc vidētis idem theātrum nostrō ā pictōre renovātum. Suprā caveam tenditur "vēlārium," quod spectātōrēs umbrat.

37. DĒ AEDIFICIĪS PRĪVĀTĪS: Domicilium quod proximīs in pictūrīs īnspiciēmus Pompejīs situm est. Est magnificum et spatiosum. In mediā domō est "ātrium." Forma hujus aedificiī inūsitāta est quod duo ātria sunt. In hīs domiciliīs sūmptuōsīs erat quoque "peristylium," hoc est, hortus circum quem aedificāta est domus.

(No picture)

38. Effigiēs in "impluviō" stat, quod est receptāculum aquae pluviae in mediō ātriō. Per jānuam peristylium vidēre possumus.

197

39. Intrā ātrium et peristylium situm est tablīnum, ubi pater legit, scrībit, amīcōs accipit.

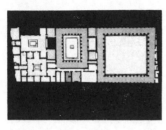

40. Omnis pars domūs habet suum ūsum proprium. In cubiculīs incolae dormiunt, in lātrīnā sē lavant, in culīnā cibus coquitur.

41. Hoc aedificium, quod Pompejīs est, "pistrīnum" vocātur. Quem in ūsum aedificātum est?

(No picture)

42. Pistrīnum est officīna ubi frūmentum molīs dēminuitur. Hae molae operā asinōrum vel servōrum circumaguntur. Saepe in pistrīnō invenītur quoque furnus, ubi pānis coquitur.

43. Jam in figūrā renovātā cōnspicere potestis ligna, ē quibus compōnitur ignis, pānēs in mēnsā positōs, frūmentum in saccīs conditum.

44. Ex hīs aedificiīs, et pūblicīs et prīvātīs, glōriam vītae Rōmānae animō concipere possumus. Etiam in morte Rōmānī splendōrem appetēbant. Proximīs in pictūrīs vidēbitis tumulum Imperātōris Rōmānī.

(No picture)

45. DĒ TUMULŌ HADRIĀNĪ. Mausōlēum Hadriānī trāns flūmen Tiberim stat. Estne pōns antīquus an recēns? Inveniētis proximā in figūrā.

46. Hadriānus, quī post Trajānum rēgnābat, erat ūnus dē "Imperātōribus Bonīs." Mausōlēum servātum est per saecula quod castellum factum erat.

Quaestiōnēs

1 Utrum est fundāmentum humile, stylobata an podium?
2 Quid est nōmen fundāmentī templī Rōmānī?
3 Quōrum theātra in plānitiē stābant?
4 Cum quō virō Trojānō comparātur Forum hodiernum?
5 Quid hodiē vidēre possumus in Forō Rōmānō?
6 Quō umbrābantur spectātōrēs in theātrō?
7 Quō locō sedēbant spectātōrēs in theātrō?
8 Quī molās circumagēbant in pistrīnō?
9 Quid coquēbātur in pistrīnī furnō?
10 Quō locō pater familiās legēbat, amīcōs accipiēbat?
  (*Familiās* is an old genitive, used in this expression to mean "head of the household.")
11 Cui flūminī proximus est Tumulus Hadriānī?

199

Sententiae

1 Contemnunt spīnās cum cecidēre rosae. Ovid

2 Quī sēsē accūsat ipse, ab aliō nōn potest. Publilius Syrus

3 Nōn sibī sed patriae. Motto

4 Rīsus sine causā abundat in ōre stultōrum. Anonymous

5 Suāviter in modō, firmiter in rē. Motto

6   Formōsōs saepe invēnī pessimōs,
et turpī faciē multōs cognōvī optimōs. Phaedrus

7 Graecia capta ferum victōrem cēpit. Horace

8 Bonus jūdex damnat improbanda, nōn ōdit. Seneca

9 Intrā fortūnam dēbet quisque manēre suam. Ovid

10 Quī amant ipsī sibi somnia fingunt. Anonymous

11 Frīgiditās hiemis, vēris lascīvia, fervor
aestātis studium surripuēre mihī. Medieval

12 Quī sibi nōn parcit, mihi vel ōibi quō modō parcet?
Medieval

13 Nēmo sibī satis est; eget omnis amīcus amīcō. Medieval

14 Vir sapiēns, quī sē ad cāsūs accommodat omnēs. Medieval

15 Nōn facit hoc aeger quod sānus suāserat aegrō. Medieval

16 Quidquid superī voluēre perāctum est. Ovid

17 In nūllum avārus bonus est, in sē pessimus. Publilius Syrus

18 Ūnus erat mundus. "Duo sunt," ait ille: fuēre. Inscription
at Columbus' birthplace

19 Est homo rēs fragilis, nōn dūrāns tempore longō;
est ergō similis flōrī, quī crēscit in agrō. Medieval

20 Indignē vīvit per quem nōn vīvit alter. Anonymous

21 Omnis quī ōdit frātrem suum homicīda est. New Testament

22 Amīcī, diem perdidī. Emperor Titus, quoted by Suetonius

23 Quī fert malīs auxilium post tempus dolet. Phaedrus

24 Quem diēs vīdit veniēns superbum,
hunc diēs vīdit fugiēns jacentem. Seneca

25 Habet apud malōs quoque multum auctōritātis virtūs.
Quintilian

26 Quod potuī perfēcī. Motto

27 Cujus est solum, ejus est ūsque ad caelum. Legal
The pronoun *is*, *ea*, *id*, whose genitive form you see here
as *ejus*, means "he," "she," "it," or "they."

28 Quī timet Deum, omnia timent eum; quī vērō nōn timet
Deum, timet omnia. Petrus Alphonsus

29 Quī omnēs insidiās timet in nūllās incidit. Publilius Syrus

30 Sat citō sī sat bene. Cato

31 Arbore dējectā, quī vult ligna colligit. Anonymous

32 Fortūna immoderāta in bonō aequē atque in malō.
Laberius (?)

33 Speculātor adstat dēsuper, quī nōs diēbus omnibus āctūsque
nostrōs prōspicit. Anonymous

34 Saepe dat ūna diēs quod tōtus dēnegat annus. Medieval

35 Ferē libenter hominēs id quod volunt crēdunt. Caesar

36 Grātia quae tarda est, ingrāta est grātia. Anonymous

37 Hoc faciunt vīna quod nōn facit unda marīna. Medieval

38 Perdit majōra quī spernit dōna minōra. Medieval

Carmina

Nux, asinus, campāna, piger sine verbere cessant;
    haec dūra, is tardus, haec tacet, ille jacet.
Sed simul ut ferrī plāgam sēnsēre vel ulmī,
    haec cadit, hic pergit, haec sonat, ille studet. Medieval

Abstulerat tōtam temerārius īnstitor urbem,
    inque suō nūllum līmine līmen erat.
Jussistī tenuēs, Germānice, crēscere vīcōs,
    et modo quae fuerat sēmita, facta via est.
Nūlla catēnātīs pīla est praecincta lagōnis,
    nec praetor mediō cōgitur īre lutō;

stringitur in dēnsā nec caeca novācula turbā,
    occupat aut tōtās nigra popīna viās.

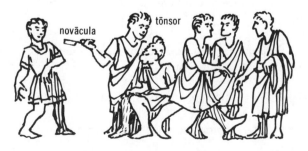

Tōnsor, cōpo, coquus, lanius sua līmina servant.
10   Nunc Rōma est; nūper magna taberna fuit. Martial

Successful Roman generals were frequently given an *agnōmen* celebrating the source of their victories. Domitian had fought some campaigns on the middle Rhine in Germany with considerable lack of success, but he assumed the agnomen *Germānicus* to celebrate the "victory."

The situation referred to in this poem is the widening of the streets of Rome. In reading these flattering accounts by Martial, always bear in mind that the Emperor's rule was so unbearable that he was put to death by a conspiracy that included some of his closest friends and even his wife. After his death, the Senate issued the edict of *damnātiō*, which meant that his name was obliterated from every public monument, and public statues of him were destroyed.

Qui tōnsor fuerās tōtā nōtissimus urbe
        et post hoc dominae mūnere factus eques,
Sicaniās urbēs Aetnaeaque rēgna pet'īstī,
        Cinname, cum fugerēs trīstia jūra forī.
5 Quā nunc arte gravēs tolerābis inūtilis annōs?
        Quid facit infēlix et fugitīva quiēs?
Nōn rhētōr, nōn grammaticus lūdīve magister,
        nōn Cynicus, nōn tū Stōicus esse potes,
vendere nec vōcem Siculīs plausumque theātrīs.
10   Quod superest, iterum, Cinname, tōnsor eris. Martial

Romans who were freeborn were snobbish about slaves who gained their freedom. In order to become a knight (Latin, *eques*), it was necessary to have a fortune of 400,000 sesterces. Cinnama's owner not only freed him but gave him enough money to become a member of the equestrian order.

The form *fugerēs* in line 4 is the subjunctive used with *cum* in a subordinate clause.

Line 9 refers to taking money for applauding an actor, a practice not unknown today.

Dum Phaethontēā formīca vagātur in umbrā,
   implicuit tenuem sūcina gutta feram.
Sīc modo quae fuerat vītā contempta manente
   fūneribus facta est nunc pretiōsa suīs. Martial

Martial wrote several poems about little animals who had the misfortune to fall into a drop of sap or pitch, which then turned into amber. By this misfortune, the animal obtained immortality through the beauty of his grave.

The poem refers to a myth about a boy named Phaethon, who asked his father, the sun god, for permission to drive his chariot. The father, much against his wishes but because he had promised his son anything he wanted, consented. The boy was unable to control the horses, and the sun came so close to the earth that it scorched Africa and turned it into a desert. In bewailing the death of Phaethon, his sisters were turned into poplars, and the juice of the poplar was thought (mistakenly) to be one of the sources of amber.

In this poem is another of the verbs that has a {*-tur*} ending but which does *not* indicate the passive voice. *Vagātur* means "is wandering." The conjunction *dum*, when used in the past time, usually takes the present imperfective (#2) tense.

Daemōn languēbat; monachus bonus esse volēbat.
   Sed dum convaluit, mānsit ut ante fuit. Medieval

Lūsus

Mitto tibi navem prora puppique carentem. Anonymous

> *Prōra* is the front part of a boat and *puppis* is the back
> part (or bow and stern in sailing terminology). As in so
> many of these word games, the answer lies not so much in
> the meaning of the words as in their form. Here is a hint.
> Look only at the form of *navem*. Or to remove the meaning
> completely, what is a *nāvem* which lacks both front and
> back parts? For more help, reread the Martial poem in
> Unit 27 which began with *Dīcere dē Libycīs*.

English Derivatives

ABUNDAnt	MOLAr
CAMPANile	apPLAUSe
conCATENAtion	RHETORical
conCOCT	SCENic
CULINАry	SPINe
EDIFICe	conSTRICT
FERVent	reSTRICT
IMPLICATe	STUDy
LASCIVIous	reVERBERate

Vocabulary

abundō (1): be plentiful
āctus-ūs, m: play, acting
adstō, adstāre, adstitī: be present
aedificium-ī, n: building
Aetnaeus-a-um: pertaining to Mt. Aetna in Sicily
aliquantus-a-um: a little (in this Reading, *aliquantum* is a
    neuter noun used adverbially to mean "a little bit")
appetō, appetere, appetīvī, appetītus: seek eagerly
āra-ae, f: altar
aspectus-ūs, m: appearance
ātrium-ī, n: central room in Roman house
aurīga-ae, m: chariot driver
camera-ae, f: arched roof

campāna-ae, f: bell
castellum-ī, n: fortress
catēnō (1): chain
cavea-ae, f: cage; place where spectators in theater sat
circumagō, circumagere, circumēgī, circumāctus: drive around, turn around
clīvus-ī, m: slope, side of hill
colossus-ī, m: statue larger than life-size
commisceō, commiscēre, commiscuī, commixtus: mix together
conclūdō, conclūdere, conclūsī, conclūsus: shut up
condō, condere, condidī, conditus: put down, store away, found (a city)
cōnspectus-ūs, m: view, appearance
cōpō, cōpōnis, m: small businessman, shopkeeper
coquō, coquere, coxī, coctus: cook
crēber, crēbra, crēbrum: in great numbers
cubiculum-ī, n: bedroom
culīna-ae, f: kitchen
daemōn, daemonis, m: the devil
dēminuō, dēminuere, dēminuī, dēminūtus: make smaller
dēsuper (substitutor): down from above
domicilium-ī, n: house
dūrō (1): last, endure
eques, equitis, m: horseman, knight (one of the three orders in Rome)
exemplar, exemplāris, n: example
exstō, exstāre, exstitī: exist, stand
ferē (weak intensifier): almost, usually
ferus-a-um: wild, beast-like
figūra-ae, f: plan, sketch, illustration
forum-ī, n: place in a Roman city where business and public affairs were conducted
fugitīvus-a-um: fleeing; pertaining to exile
fūnus, fūneris, n: funeral
furnus-ī, m: oven
gracilis-e: graceful
grammaticus-ī, m: grammarian, one interested in language
hīc (substitutor): in this place, at this time
hodiernus-a-um: belonging to today, modern
homicīda-ae, m&f: murderer
humilis-e: low

implicō, implicāre, implicuī, implicātus: trap, entangle
impluvium-ī, n: pool in center of *ātrium* filled with water draining from roof
improbandus-a-um: shameful, disgraceful
īnstitor, īnstitōris, m: merchant, salesman
inūsitātus-a-um: unusual
jubeō, jubēre, jussī, jussus: order
lagōna-ae, f: jug for wine or beer, like a modern decanter
lanius-ī, m: butcher
lascīvia-ae, f: playfulness, happiness
lātrīna-ae, f: toilet
limen, līminis, n: cross section of door, either threshold or lintel
lutum-ī, n: mud
mausōlēum-ī, n: elaborate tomb
mola-ae, f: mill
novācula-ae, f: razor
nux, nucis, f: nut
officīna-ae, f: place of business
peregrīnātor, peregrīnātōris, m: traveller, tourist
pergō, pergere, perrēxī, perrēctus: go on, get going, act with energy
peristylium-ī, n: walled garden in Greek or Roman house
Phaethontēus-a-um: belonging to Phaethon, related to Phaethon; made of poplar (since Phaethon's sisters were turned to poplars)
piger, pigra, pigrum: lazy
pīla-ae, f: pillar
pistrīnum-ī, n: bakery
plāga-ae, f: blow
plānus-a-um: flat
plausus-ūs, m: applause
pluvius-a-um: pertaining to rain water
podium-ī, n: low foundation of Roman temple
popīna-ae, f: eating place, restaurant
postis, postis, m: doorpost
praetor, praetōris, m: important Roman official in charge of justice
restō, restāre, restitī: remain
rhētōr, rhētoris, m: one who taught people how to speak well (approximately the equivalent of a college professor)

sacerdōs, sacerdōtis, m&f: priest
scaenicus-a-um: pertaining to the theater or stage
sēmita-ae, f: pathway
Sīcanius-a-um: Sicilian
Siculus-a-um: Sicilian
simul ut: as soon as
situs-ūs, m: location
sonō, sonāre, sonuī: make a sound; ring
spīna-ae, f: thorn; a wall in the middle of a race course
stringō, stringere, strīnxī, strictus: draw (as a sword from a
    case)
studeō, studēre, studuī: (w complement in dat) be eager for;
    (without complement) study
studium-ī, n: desire
suādeō, suādēre, suāsī, suāsus: recommend, advise
succēdē, succēdere, successī: follow
sūcinus-a-um: made of amber
surripiō, surripere, surripuī, surreptus: steal, take quietly
taberna-ae, f: shop, tavern, inn, restaurant
tablīnum-ī, n: room where head of family studied, received
    friends, etc.
temerārius-a-um: bold, greedy
tolerō (1): endure
tōnsor, tōnsōris, m: barber
trecentī-ae-a: three hundred
tumulus-ī, m: tomb
ulmus-ī, f: elm, switch made from an elm branch
ūsque (intensifier often used w prep *ad*): all the way
vāstō (1): ruin, destroy
vēlārium-ī, n: awning
verber, verberis, n: blow
vērō (abl of neuter of adj *vērus*): but (*vērum* is used when it is
    first in the clause, and *vērō* is used when it is second or
    third)
vīcus-ī, m: a street with houses on both sides; section of a
    city; village

UNIT 29

Fābella

Vulpēs Quae Caudam Āmīsit

Ōlim vulpēs laqueō capta est, ē quō effugere temptābat. Subitō appāruērunt canēs, qui īnfēlicem petīvērunt. Post pūgnam ferōcem ēvāsit illa sed cum jactūrā gravī: caudam morsū canum āmīserat. Domum maesta rediit.

Aliae vulpēs eam rīdēbant. "Ubī," quaesīvēre, "est decus et honor nostrī generis? Vulpēs sine caudā sīcut philosophus sine barbā!"

"Errāvistis," respondit vulpēcula, quae cōnsilium sēcum cēperat et gaudium simulābat. "Lucrum, nōn jactūra, est cauda āmissa. Jam cum facultāte currere possum; nūlla cauda gravis meum cursum impedit. In eā nōn jam latent culicēs. Spīnae asperae hoc membrum molestum irrītāre solēbant. Sine caudā jam dūdum lībera sum. Ō amīcae sodālēs, sī vestram caudam dēposueritis, fēlicēs eritis. Egō ipsa vōs juvābō; dentibus meīs caudās omnēs volēns caedam."

"Sua cuique vulpī placet cauda," respondet vulpēs vetula. "Ante jactūram tū tuam caudam praeter omnia laudāvistī. Jam eandem culpās. Tē nōvimus; caudās nostrās nōn dēpōnēmus. Sī hoc fēcerimus, similēs tibi erimus et jactūram plōrābimus."

Hoc saepe nārrātur dē hīs quī lībertātem āmissam rīdent.

Quaestiōnēs

1 Ā quibus cauda vulpis caesa est?
2 Cujus jactūram plōrābat vulpēs laesa?
3 Quōcum comparāta est cauda vulpis?
4 Quōs dēcipere temptat vulpēs quae caudam āmīserat?
5 Quā rē, ut ait vulpēs quae caudam nōn possidēbat, erat cauda molesta?
6 Quid est glōria omnium vulpium?
7 Quid laudat quaeque vulpēs?

Illūstrātiō

Here is the script of another filmstrip, *Duo Amīcī*, intended for review by those who have seen the pictures.

Duo Amīcī

1. Secundō Saeculō post Christum nātum Rōma erat maxima urbs mundī.

2. Ab Urbe missa sunt ēdicta ad prōvinciās longinquās.

3. Legiōnēs ē prōvinciīs captīs sēcum opēs ferunt.

4. Tālis et tanta erat Rōma. Sed nārrātiō quam vidēbitis et legētis nōn est dē Imperiō sed dē duōbus puerīs . . .

5. dē Claudiō, ē gente clārā nōbilīque . . .

6. et dē Vistō, quī erat famulus gentis Claudiae. Inter puerōs, servum et dominum, amīcitia firma facta erat.

7. Hī discipulī sub caelō apertō convēnērunt.

8. Nam Claudius et Vistus condiscipulī sunt, etiam sī alter līber, alter servus est.

9. Mōre vetere, magister est Graecus, quod Rōmānī litterīs Graecīs maximē student.

211

10. Sed praeter omnia, puerī Rōmānās discunt virtūtēs: gravitātem, pietātem, sevēritātem.

11. Alixus, Vistī parēns, est paedagōgus, cujus opera est puerōs ad lūdum comitāre. Hodiē, redeuntēs, manuī mīlitum occurrunt.

12. "Ōlim et egō dux mīlitum erō," putant nostrī sodālēs.

13. Fortasse hoc Claudiō accidet.

14. At īnfēlīx Vistus tantum somniat. Servī ducēs aut etiam mīlitēs gregāriī numquam fīerī possunt.

15. Ā multīs servī vix hominēs esse dūcuntur.
Sed dominī inter sē multum differunt. Vīta Alixī
nōn omnīnō misera est. Pater Claudiī servōs suōs
benīgnē tractat.

16. "Quid sī effugiam?" sēcum cōgitat Alixus.
"Haec via dūcit ad Galliam, patriam, libertātem."

17. Dē hīs rēbus nōn cōgitant sodālēs. Inter sē
lūdunt sine discrīmine servus et dominus. Sed
Vistus, cum adolēverit, amāritūdinem servitūtis
cognōscet.

18. Parentēs Claudiī prīstinōs mōrēs colunt.
Mātrōna ipsa cūrae reī domesticae praeest. Nunc
in culīnā famulās adjuvat.

19. Agrī holera quae familiam alunt efferunt.

20. Famulae cibum in culīnā coquunt.

21. Cum caelum serēnum est, cēnant sub dīvō in peristyliō, quod hortus mūrō circumdatus est.

22. Rōmānī locuplētēs, dum cēnant, in cubitō accumbunt. Hospes est mercātor peregrīnus.

23. Rōmānī vīnum aquae addēbant. Tantum eī quibus dissolūtī mōrēs erant vīnum merum bibēbant.

24. Claudius cum sorōribus, nōn adultīs, edit.

25. Post cēnam liberī inter sē lūdunt.

26. Inter aliōs lūdōs est haec tabula latrunculāria.

27. Nucēs in vāsa jacere temptant.

28. Multā dē nocte Vistus ad cubiculum Claudiī sēcrētō venit. Tam sērō amīcum suum vīsere nōn solet. "Quid vīs?" inquit Claudius.

29. "Hodiē pater meus manūmissiōnem quaesīvit."

30. "Sed somniat! Quod spērat certē nōn accidet."

31. "Immō, Alixus hoc crēdit. Tuus pater aliōs servōs manūmīsit."

32. "Num tū cum Alixō ibis?"

33. "Pietāte coāctus eum comitābō. Sed contrā voluntātem hunc agrum relinquam—et tē ipsum."

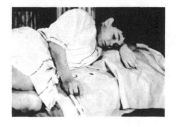

34. Postquam Vistus abiit, diū Claudius vigilat et cōgitat.

35. Quam difficile est amīcum āmittere!

36. Post multōs diēs hae difficultātēs paene ē memoriā excidērunt. Nihil dīcitur dē manūmissiōne.

37. Currus stat sine rēctōre. "Vīsne mēcum breve spatium trāns plānitiem currū īre?" inquit Claudius.

38. "Quam facile est equōs regere!"

39. Nōn jam lentē ambulant equī sed currere incipiunt.

40. Claudius equōs territōs comprimere nōn potest.

41. Vistus labat, cadit, . . .

42. . . . et inanimus inter lapidēs jacet.

43. Vīvitne an mortuus est?

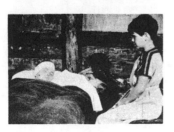

44. Vīvit, sed in magnō peric'lō est. Valdē aegrōtat. Claudius dolet, vigilat, amīcō adsidet.

45. "Vulnerātus est Vistus nōn per fortūnam sed per culpam meam. Quid sī perībit?"

46. Claudius, quod gēns sua deōs antīquōs colit, it ad templum Jovis Maximī. Hōc locō sacra faciet . . .

47. . . . per quae amīcus suus iterum valēbit. "Ō Juppiter Maxime, vīsne culpam mihī īgnōscere?"

48. Sīve per deōs sīve per cūram Claudiī, Vistus celeriter convaluit.

49. Sed in laetitiā alter dolor est. "Habeō aliquid novī," ait Vistus.

50. "Manūmissī ā patre tuō sumus. Nōn jam servī sed libertīnī sumus et ad Galliam redībimus."

51. At Claudius propter cāsum multum mūtātus est. Nōn dē jactūrā suā sed dē fēlīcitāte amīcī cōgitat. "Volō omnia quae vīs," inquit.

52. Diēs cōnstitūta adest quandō Vistus familiam relinquet.

53. Omnēs līberī Rōmānī bullam gerunt. Claudius bullam suam amīcō dat.

54. "Sīc bullātus in vēritāte līber sum. Grātiās tibī agō, patrōne."

55. "Tē semper in memoriā tenēbō."

56. Alixus ad patriam suam jam dūdum revertitur. Sed Vistus familiam cāram respicit. Cor apud gentem Claudiam manet. "Redībō, patrōne, redībō!"

Quaestiōnēs

1 Cujus familiae erat Vistus servus?
2 Cujus condiscipulus erat Vistus?
3 Ā quibus cibus parābātur?
4 Quō locō famulae cēnam coquēbant?
5 Quid erat locus ubī māter famulās adjuvābat?
6 Quālēs erant parentēs Claudiī?
7 Quae animālia currum trahunt?
8 Cujus culpā Vistus vulnerātus est?
9 Quem ōrāvit Claudius?
10 Prō quō Claudius ōrāvit?
11 Quid petīvit Alixus ā dominō suō?
12 Quid erat sīgnum quod gerēbant puerī Rōmānī?

Sententiae

1 Īgnōscent, sī quid peccā'rō stultus, amīcī. Horace

2 Quī prior strīnxerit ferrum, ejus victōria erit. Livy

3 Taurum tollet quī vitulum sustulerit. Anonymous

4   Omnia nōvit
   Graeculus ēsuriēns; ad caelum (jusseris) ībit. Juvenal

5 Tenue est mendācium; perlūcet, sī dīligenter īnspexeris.
Seneca

6 Tē tua, mē mea dēlectant. Anonymous

7 Fortūna per omnia hūmāna, maximē in rēs bellicās, potēns.
Livy

8 Omnia sub lēgēs mors vocat ātra suās. Formerly attributed
to Ovid

9 Nāvita dē ventīs, dē tauris nārrat arātor,
  et numerat mīles vulnera, pāstor ovēs. Propertius

10 Parva saepe scintilla contempta magnum excitāvit incendium.
Curtius Rufus

11 Multī ad fātum vēnēre suum, dum fāta timent. Seneca

12 Jūdex in propriīs est nūllus homō bonus āctīs.
Medieval

13 Invidia, tamquam ignis, summa petit. Livy

14 Exitus ācta probat. Ovid

15 Vīvit post fūnera virtūs. Motto

16 Virtūte, nōn verbīs. Motto

17 Astra inclīnant sed nōn cōgunt. Anonymous

18 Deum quaerēns gaudium quaerit. Anonymous

19 Socratēs prīmus philosophiam dēvocāvit ē caelō et in urbibus
collocāvit et in domōs etiam intrōdūxit, et coēgit dē vītā et
mōribus rēbusque bonīs et malīs quaerere. Cicero

20 Vēnit post multōs ūna serēna diēs. Lygdamus

21 Multōs morbōs multa fercula fēcērunt. Seneca

22 Factum abiit, monumenta manent. Motto

23 Fortūna omnia victōribus praemia posuit. Sallust

24 Nōn valet ēbrietās, per quam perit omnis honestās. Medieval

25 Vēritās ōdit morās. Seneca

26 Inopem mē cōpia fēcit. Ovid

Carmina

Hērēdem tibi mē, Catulle, dīcis.
Nōn crēdam nisi lēgerō, Catulle. Martial

Nihil umquam peccāvit, nisi quod mortua est.
Grave inscription

Zōilus aegrōtat: faciunt hanc strāgula febrem.
    Sī fuerit sānus, coccina quid facient?
Quid torus ā Nīlō, quid Sidone tīnctus olentī?
    Ostendit stultās quid nisi morbus opēs?
5 Quid tibi cum medicīs? Dīmitte Machāonas omnēs.
    Vīs fierī sānus? Strāgula sūme mea. Martial

> To understand this poem, you have to know that the
> cities of Tyre, Sidon, and Carthage were famous for a
> scarlet dye, which was extremely expensive. It also had
> a strong odor. *Sidone tīnctus olentī* means, "dyed with the
> strong-smelling dye from Sidon."
>
> There are two command forms of the verb, *dīmitte* and
> *sūme*, both singular. *Fierī* means "to become." It is an
> irregular verb; there is a variant form *fierī*.

Mūtua vīgintī sēstertia forte rogābam,
    quae vel dōnantī nōn grave mūnus erat.
Quippe rogābātur fēlīxque vetusque sodālis
    et cujus laxās arca flagellat opēs.
5 Is mihi "Dīves eris, sī causās ēgeris" inquit.
    Quod petō dā, Gajī: nōn petō cōnsilium. Martial

In the first line, *sestertia* means a thousand sesterces. Line 4 means that he is so rich that his money box has trouble controlling the money within it. The phrase *causam agere* means "to plead a lawsuit." The form *dā* in the last line is the command form of *dare*.

Occurris quōcumque locō mihi, Postume, clāmās
  prōtinus, et prīma est haec tua vōx: "Quid agis?"
Hoc, sī mē deciēns ūnā convēneris hōrā,
  dicis. Habēs, puto, tū, Postume, nīl quod agās. Martial

The last word in the poem is the subjunctive form of the verb. *Quid agis* means "What are you doing?" *Habēs . . . nīl quod agās* means "You don't have anything which you could do" or "You don't have anything to do." This is an example of the contrast between the indicative and subjunctive moods.

Praetōrēs duo, quattuor tribūnī,
septem causidicī, decem poētae
cujusdam modo nūptiās petēbant
ā quōdam sene. Nōn morātus ille
5 praecōnī dedit Eulogō puellam.
Dīc, numquid fatuē, Sevēre, fēcit? Martial

To understand this poem, you have to realize that there were three occupations in Rome which were considered disgraceful: undertaker, auctioneer, and executioner. All three were associated with difficult times. (An auctioneer appeared when a person went bankrupt.)

The *dīc* in the last line is the command form of the verb. *Nōn morātus* means "not delaying." It is one of the verbs with passive forms but active meanings.

Lūsus

Mordet Omnia Rōstrō Suō. Anonymous

Here is another word game. As a hint, notice that each word has been capitalized. Secondly, observe that the subject is missing, or *apparently* missing. Finally, look up the word "acrostic" in the dictionary.

224

English Derivatives

ARAble
ARK
FLAGELLATe
disMISS
NUPTIAl
OCCUR

PASTORal
PRISTINe
SODALIty
inTRACTAble
VULNERable

Vocabulary

adolēscō, adolēscere, adolēvī: grow up
adsideō, adsidēre, adsēdī (w complement in dat): sit at one's
    side
arātor, arātōris, m: plowman
arca-ae, f: box, money chest
āter, ātra, ātrum: black (a gloomy black)
bulla-ae, f: ornament worn by noble and wealthy Romans
bullātus-a-um: wearing the *bulla*
causidicus-ī, m: lawyer
coccinus-a-um: scarlet
comprimō, comprimere, compressī, compressus: hold in
condiscipulus-ī, m: fellow pupil
deciēns (adv): ten times
discrīmen, discrīminis, n: distinction, difference
dissolūtus-a-um: relaxed, careless, immoral
dīvum-ī, n: sky
dūdum (intensifier): *jam dūdum* means "at long last"
excidō, excidere, excidī: fall out
familia-ae, f: household (much broader than our "family,"
    since it included slaves and friends)
famula-ae, f: female slave
fīō, fierī (and *fieri*): become
flagellō (1): beat, whip, force, compel
fors (defect noun, abl *forte*, no other forms): chance, fortune
Graeculus-a-um (diminutive form of *Graecus*, here showing
    contempt): miserable Greek
gregārius-a-um: common
hērēs, hērēdis, m&f: heir
holus, holeris, n: vegetable

inanimus-a-um: lifeless (either referring to someone who is dead or who has the appearance of death)

inclīnō (1): influence

jactūra-ae, f: loss

labō (1): stagger, lose one's balance

latrunculārius-a-um: the *tabula latrunculāria* was a game similar to checkers or chess

laxus-a-um: overflowing

locuplēs (adj, gen *locuplētis*): rich

longinquus-a-um: far away, distant

Machāōn, Machāonis, m: famous doctor with Greek army in Trojan war, used as a name for doctors in general

manūmissiō, manūmissiōnis, f: release from slavery

manūmittō, manūmittere, manūmīsī, manūmissus: release from slavery

mātrōna-ae, f: woman, head of family

merus-a-um: undiluted (said of wine)

morātus-a-um: delaying

mūtuus-a-um: on loan

nāvita-ae, m: sailor

num (interrog expecting a negative answer): he didn't, did he?

numquid (interrog): stronger form of *num*

nūptiae-ārum, f: marriage

occurrō, occurrere, occurrī (w complement in dat): run into, meet

omnīnō (qualifier): entirely

ostendō, ostendere, ostendī, ostēnsus: show, indicate

pāstor, pāstōris, m: shepherd

patrōnus-ī, m: former master of freedman, to whom freedman owed allegiance

praecō, praecōnis, m: auctioneer

praesum, praeesse, praefuī (w complement in dat): be in charge of

pristinus-a-um: former, old-fashioned

prōtinus: immediately

quīcumque, quaecumque, quodcumque: whoever, whatever

quippe (strong qualifier): certainly

rēctor, rēctōris, m: driver

Sīdōn, Sīdonis, f: Phoenician city, producer of scarlet dye; in this Unit, used for the dye itself

sodālis, sodālis, m&f: friend, associate

somniō (1): dream
spatium-ī, n: space, distance
strāgulum-ī, n: bed cover
tenuis-e: thin, slender, transparent
torus-ī, m: mattress, bed
tractō (1): handle, treat
tribūnus-ī, m: tribune (an important officer in Rome)
vetus (adj, gen *veteris*): old
vigilō (1): stay awake
vīgintī (indecl adj): twenty
vīsō, vīsere, vīsī, vīsus: look at attentively, visit
vitulus-ī, m: calf

UNIT 30

Fābella

"Nāvis"

Erat in urbe quādam domus quae ab omnibus "Nāvis" dicta erat. Dē nōmine fābula lepida saepe nārrātur.

Hāc in urbe erat juvenis quidam quī maximē cēnās amābat. Ōlim magnum ad convīvium invītāvit sociōs suōs. Adiit ipse cum servīs ad macellum, ubī cibum ēmit.

Multō diē amīcī ad cēnam convēnērunt, ad mēnsās accubuērunt. Prīmum sunt apportātae gustātiōnēs: ostreae, lactūca, pānis, ōva, dulcī cum vīnō.

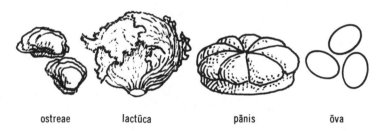

| ostreae | lactūca | pānis | ōva |

Hoc vīnum autem aquā mixtum est. Postquam dē gustātiōnibus satis ēdērunt, altera fercula oblāta sunt: carō, piscēs, pullī, holera, ut carōtae bētaeque.

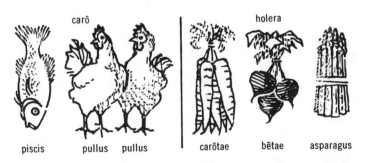

carō   holera

piscis   pullus   pullus   carōtae   bētae   asparagus

228

Nōn jam aqua in vīnō mixta est; merum bibitur. Juvenēs hilarēs magnā vōce jocōs nārrābant.

Ultimum ferculum erat dulcia et nucēs. Tandem quīdam in mēnsam ascendit et saltāre temptābat. Sed frūstrā. Cecidit ex mēnsā in pavīmentum.

Rīsērunt eum aliī convīvae: "Ēbrius es!" exclāmāvēre. Negāvit ille, "Immō! Ma ma maximē sobrius sum. Mēnsa movētur; hāc dē causā cecidī."

Concutiēbantur omnēs rīsū. "Quō modō, stulte, movētur mēnsa?" inquunt. "In nāve, vērum est, mēnsae saepe moventur, sed sumus in terrâ, nōn marī."

Corripuit ille servum quendam. "Ubī sumus?" quaesīvit. "Nōnne in nāve?"

"Ita," respondit servus territus, "ut dīcis, domine, in nāve!"

"Aha!" clāmāvit ille. "Ī[1] in malam rem, mēnsa!" Hīs verbīs dictīs, mēnsam innocentem pede magnā vī pulsāvit. Hic ictus mēnsam prōpulit in socium alium. "Ecce!" ait ille. "Haec mēnsa in mē sē mōvit. Rē vērā, in nāve, nōn aedificiō sumus. Magna tempestās nōs premit. In perīc'lō maximō sumus. Ferte[2] nāvī auxilium! Omnia jacite[2] in mare! Hōc modō vītās nostrās servāre possumus!"

Magnīs clāmōribus juvenēs omnia jaciēbant per fenestrās— mēnsās, torōs, arcās. Servī territī eōs prohibēre nōn audēbant. Fortasse quīdam urnam vertit, ex quā in pavīmentum aqua fluit. Juvenis hanc aquam in pavīmentō fluentem cōnspexit. "Eheu!" lacrimāvit, "Jam submergitur nostra nāvis! Nāvem submergentem relinquite!"[2] Per fenestram iter temptābat, ubī magnā vōce clāmāns haesit.

Clāmōre exaudītō, convēnit ante domum magna turba. Vīcīnī tandem vigilēs vocāvērunt, quī juvenēs lacrimantēs ad carcerem dūxērunt.

---

[1] Command form to one person: "Co." The phrase Ī in malam rem is a mild curse, a substitute for Ī in crucem ("Go to the cross").
[2] Command form to more than one person.

Posterō diē in jūs vocātī sunt. Ex vīnō nimiō dolēbant capita eōrum. Jūdex gravis sevērusque quaesīvit, "Cūr permōvistis tantum tumultum? Cīvēs bonōs ex somnō excitā'stis. Quam ob rem id fēcistis?"

"In illā magnā tempestāte nostram vītam servābāmus" inquit quīdam.

Jūdex irātus: "Īnsānus es! Fuit nūlla tempestās."

"Immō vērō," respondit ille, "maxima tempestās fuit. Ecce! Hāc tempestāte etiam nunc omnēs aegrī sumus!"

Quaestiōnēs

1 Quid est locus ubī cibum juvenis ēmit?
2 Quae genera cibōrum ēmit juvenis?
3 Ē quibus cōnstitit ferculum ultimum?
4 Quāliter juvenēs jocōs nārrābant?
5 Quō locō quīdam saltāre temptāvit?
6 Ē quō dēfluit aqua in pavīmentum?
7 Quō locō haesit juvenis territus?
8 Ā quibus vocātī sunt custōdēs?
9 Quō locō dormīvērunt juvenēs?
10 Quālī sub jūdice erant?
11 Quid rē vērā juvenēs aegrōs fēcerat?

Sententiae

1 Quī medicē vīvit miserē vīvit. Anonymous

2 Citharoedus rīdētur chordā quī semper oberrat eādem. Horace

3 Bis peccat quī crīmen negat. Anonymous

4 Frūstrā labōrat quī omnibus placēre studet. Anonymous

5 Mendācī hominī, nē vērum quidem dīcentī, crēdere solēmus. Cicero

6 Sī Fortūna volet, fiēs dē rhētore cōnsul;
sī volet haec eadem, fiet dē cōnsule rhētōr. Juvenal

7 Alta diē sōlō nōn est exstrūcta Corinthus. Anonymous

8 Dat pira, dat pōma, quī nōn habet altera dōna. Medieval

9 Faber est suae quisque fortūnae. Appius Claudius Caecus

10 Lītore quot conchae, tot sunt in amōre dolōrēs. Ovid

11 Corpora nostra lentē augēscunt, citō exstinguuntur. Tacitus

12 Inter caecōs rēgnat luscus. Anonymous

13 Fortūna numquam sistit in eōdem statū;
semper movētur; variat et mūtat vicēs,
et summa in īmum vertit ac versa ērigit. Ausonius

14 Cottīdiē damnātur quī semper timet. Anonymous

15 Leve fit quod bene fertur onus. Anonymous

16 Fēlix quī nihil dēbet. Anonymous

17 Quisquis habet nummōs sēcūrā nāvigat aurā. Petronius

18 Quī bene amat bene castīgat. Anonymous

19 Quālis rēx, tālis grex. Burton

20 Nōn omne quod nitet aurum est. Anonymous

21 Is est amīcus quī in rē dubiā rē juvat. Plautus

22 Spīna gerit flōrem, quae gignit tācta dolōrem. Anonymous

23 Paupertās est, nōn quae pauca possidet sed quae multa
nōn possidet. Seneca

24 Cum grānō salis. Anonymous

25 Vōx clāmantis in dēsertō. New Testament

26 Ecce Agnus Deī, quī tollit peccāta mundī. New Testament

27 Malī prīncipiī malus fīnis. Anonymous

28 Temeritās sub titulō fortitūdinis latet. Seneca

29   Multī
   committunt eadem dīversō crīmina fātō;
   ille crucem sceleris pretium tulit, hic diadēma. Juvenal

30 Magna est . . . vīs hūmānitātis. Cicero

31 Virtūtis praemium honor. Motto

32 Ex Āfricā semper aliquid novī. Pliny the Elder (adapted)

33 Frōns est animī jānua. Quintus Cicero

34 Nīl prōdest oculus ā quō rēs nūlla vidētur. Medieval

35 Stat magnī nōminis umbra. Lucan (said of Pompey)

Carmina

The following poem will be something of a challenge. Most of
the words are unfamiliar to you. However, from the context
and the known words, it should be possible for you to gain at
least a general knowledge of what the poem is about. Do not
rush to look at the vocabulary at the end of the Unit.

Callidus effrāctā nummōs fūr auferet arcā;

prōsternet patriōs impia flamma Larēs;

dēbitor ūsūram pariter sortemque negābit;

nōn reddet sterilis sēmina jacta seges;

dispēnsātōrem fallāx spoliābit amīca;

mercibus exstrūctās obruet unda ratēs.

Extrā fortūnam est quidquid dōnātur amīcīs:
   quās dederis, sōlās semper habēbis opēs. Martial

In this next poem there are again many new words. First, look
at the poem and see if you can grasp its overall structure and
content; namely, what is the poem about? When you know this,
you are ready to tackle the details.

Prima salūtantēs atque altera conterit hōra;
   exercet raucōs tertia causidicōs;
in quīntam variōs extendit Rōma labōrēs;
   sexta quiēs lassīs; septima fīnis erit;
5 sufficit in nōnam nitidīs octāva palaestrīs;
   imperat exstrūctōs frangere nōna torōs.
Hōra libellōrum decima est, Euphēme, meōrum,
   temperat ambrosiās cum tua cūra dapēs
et bonus aetheriō laxātur nectare Caesar
10   ingentique tenet pōcula pārca manū.
Tunc admitte jocōs: gressūn mētīre licentī
   ad mātūtīnum, nostra Thalia, Jovem? Martial

    In line 5, the *palaestra* is called *nitida* for several reasons:
the people who exercised there were rubbed with olive
oil; the baths associated with the gymnasium were deco-
rated with marble, mosaic, etc., hence shiny. This is an
example of poetical ambiguity.

    In line 6, *exstrūctōs frangere torōs* means "to crush the
mattresses which have been carefully arranged for dining."
(*Torus* is primarily a mattress rather than a bed.)

In line 11, *admitte* is an imperative, giving a command. The form *mētire* is the command form of the verbs that have passive endings; *mētire* means "Walk." The *-n* on *gressūn* is a variant of the interrogator *-ne*.

Cēnābis bene, mī Fabulle, apud mē
paucīs, sī tibi dī favent, diēbus,
sī tēcum attuleris bonam atque magnam
cēnam, nōn sine candidā puellā
5 et vīnō et sale et omnibus cachinnīs.
Haec sī, inquam, attuleris, venuste noster,
cēnābis bene. Nam tuī Catullī
plēnus sacculus est arāneārum.
Sed contrā accipiēs merōs amōrēs
10 seu quid suāvius ēlegantiusve est.
Nam unguentum dabo, quod meae puellae
dōnā'runt Venerēs Cupīdinēsque,
quod tū, cum olfaciēs, deōs rogābis
tōtum ut tē faciant, Fabulle, nāsum. Catullus

> *Suāvius* and *ēlegantius* are comparative forms meaning "more sweet" and "more tasteful."
>
> In line 5, if *sale* is taken with *vīnō*, then the phrase means "with wine and salt." But if *sale* is paired with *cachinnīs*, then the meaning is "with wit and laughter." This double meaning of *sale* is another example of poetical ambiguity.
>
> In the last two lines, *deōs rogābis* plus *ut* and the subjunctive means, "You will ask the gods to do something."

Unguentum, fateor, bonum dedistī
convīvīs here, sed nihil scidistī.
Rēs salsa est bene olēre et ēsurīre.
Quī nōn cēnat et unguitur, Fabulle,
hic vērē mihi mortuus vidētur. Martial

> In a humorous mood, Martial carries the poem of Catullus to its logical conclusion: what good is a meal, even if there is perfume, if there is nothing to eat? To understand the poem one must know that when a Roman was cremated, his body was first annointed with ointments.

235

Fateor is another verb with passive endings, but without passive significance. *Fatētur* means "he confesses" and *fateor* means "I confess, I admit." *Here* is a variant form for *herī*.

Ohē, jam satis est, ohē, libelle;
jam pervēnimus ūsque ad umbilīcos.
Tū prōcēdere adhūc et īre quaeris,
nec summā potes in scidā tenērī,
5 sīc tamquam tibi rēs perācta nōn sit,
quae prīmā quoque pāginā perācta est.
Jam lēctor queriturque dēficitque,
jam librārius hocc et ipse dīcit,
"Ohē, jam satis est, ohē, libelle!" Martial

In line 4, *tenērī* is the passive form of the infinitive *tenēre*. In line 5, *sit* is the subjunctive form of *est. Tamquam perācta nōn sit* means "just as if it were not done." In line 7 is another verb with passive ending but active meaning: *queritur*, "complains." In line 8, *hocc* is a variant of *hoc* before vowels.

It is important to know that this poem comes at the end of the fourth book of Martial's epigrams.

English Derivatives

CONTRITe
ETHEReal
FABRicate
GRAiN
eGREGIous
LICENse
MERCEnary
NASal
OLFACTory
PeaR

PREMIUM
PROSTRATe
PULLet
PULSe
RAUCous
SALary
TEMERITy
USURy
VICIssitude

236

Vocabulary

aetherius-a-um: belonging to the upper air, ethereal, heavenly
ambrosius-a-um: made of ambrosia (the food of the gods)
amīca-ae, f: girl friend
apud mē: at my house
arānea-ae, f: cobweb
auferō, auferre, abstulī, ablātus: carry away
cachinnus-ī, m: laughter
callidus-a-um: shrewd
capillus-ī, m: hair (7)
castīgō (1): punish
concha-ae, f: shell
concutiō, concutere, concussī, concussus: strike hard, shake
  hard
cōnsul, cōnsulis, m: consul (This was the highest office in
  republican Rome, consisting of two magistrates who shared
  the responsibility. During the Empire this was a position
  of honor but not much importance.)
conterō, conterere, contrīvī, contrītus: break up into small
  pieces; tire out, wear out
Corinthus-ī, f: Corinth, a famous city on the isthmus that
  connects the Peloponnesus with the northern part of
  Greece
cottīdiē: daily
daps, dapis, f: feast, banquet
diadēma, diadēmatis, n: crown
dispēnsātor, dispēnsātōris, m: paymaster
dīversus-a-um: different
dulcia, dulcium, n: candy, sweets
effrangō, effrangere, effrēgī, effrāctus: smash to pieces
ērigō, ērigere, ērēxī, ērēctus: lift up
exstruō, exstruere, exstrūxī, exstrūctus: equip
extrā (prep w acc): outside of, beyond reach of
faber, fabrī, m: one who works in metal, wood, stone; builder
grānum-ī, n: grain
gressus-ūs, m: step
grex, gregis, m: flock, people
gustātiō, gustātiōnis, f: appetizer
inquam (1st person of defect verb): I say
lactūca-ae, f: lettuce

Larēs, Larum, m: Lares (domestic deities who were supposed to guard the house, its contents, and inhabitants)
lassus-a-um: tired
lēctor, lēctōris, m: reader
lepidus-a-um: pretty, attractive, amusing
librārius-ī, m: one who copies a manuscript
licēns (adj, gen *licentis*): naughty, wanton
macellum-ī, n: market
mātūtīnus-a-um: belonging to the morning
merx, mercis, f: merchandise
nāsus-ī, m: nose
nectar, nectaris, n: nectar (the drink of the gods, as ambrosia was their food)
niteō, nitēre, nituī: shine, glitter
nitidus-a-um: shining
obruō, obruere, obruī, obrutus: overthrow, destroy
ohē! (exclamation): hey!
olfaciō, olfacere, olfēcī, olfactus: smell (something)
ostrea-ae, f: oyster
pāgina-ae, f: page
palaestra-ae, f: gymnasium
pavīmentum-ī, n: floor
peccātum-ī, n: sin
perveniō, pervenīre, pervēnī: arrive at the end, reach
pirum-ī, n: pear
praemium-ī, n: reward
prōsternō, prōsternere, prōstrāvī, prōstrātus: throw down, overthrow
prōsum, prōdesse, prōfuī: be of value
pullus-ī, m: chicken
pulsō (1): strike
ratis, ratis, f: raft (pl, "boat")
raucus-a-um: hoarse
sacculus-ī, m: little sack, purse
sāl, salis, m: salt, humor
salsus-a-um: salty, funny
saltō (1): dance
salūtō (1): greet
scida-ae, f: sheet of paper
scindō, scindere, scidī, scissus: to cut (carve)
seges, segetis, f: field, harvest

sistō, sistere, stitī: stand
sors, sortis, f: principal (of a sum of money)
spoliō (1): rob
submergō, submergere, submersī, submersus: sink
temeritās, temeritātis, f: rashness, boldness
temperō (1): arrange, regulate
Thalia-ae, f: the Muse of Comedy
torus-i, m: mattress, bed (for sleeping or dining)
umbilīcus-ī, m: navel; projecting end of the rod on whioh tho
    ancient scroll was rolled
unguentum-ī, n: ointment
unguō, unguere, ūnxī, ūnctus: covered with ointment
ūsūra-ae, f: interest on a loan
venustus-a-um: lovely, charming, pleasing, agreeable
(vicis), vicis, f (nom sing does not occur): change, alternation
    (This word is extremely difficult to equate with English.
    The expression "vice versa" means "when the change
    has been made." *Mūtat vicēs* means "makes changes.")
vigil, vigilis, m: watchman, policeman

VOCABULARY

The following includes vocabulary of *Lēctiōnēs Primae* and *Latin: Level One*. A numeral in parentheses indicates the Unit of *Latin: Level One* where the word first occurs.

ā, ab (prep w abl): with passive verbs, by; with verbs of motion, from (11)

abbās, abbātis, m: abbot

abdō, abdere, abdidī, abditus: hide, conceal

abeō, abīre, abiī (irreg): go away, depart (27)

abhorreō, abhorrēre, abhorruī: shrink back, abhor

ablātīvus-a-um: ablative (22)

absconditus-a-um: concealed

abscondō, abscondere, abscondī or abscondidī, absconditus: hide away

absēns (adj, gen *absentis*): absent (19)

absolvō, absolvere, absolvī, absolūtus: acquit (in a court of law) (19)

abstinentia-ae, f: abstinence

absum, abesse, āfuī (irreg): be absent

absurdus-a-um: senseless, silly

abundō(1): overflow, abound

abūsus-ūs, m: abuse

ac (coord conj, variant of *atque*): and

accidō, accidere, accidī: happen (22)

accipiō, accipere, accēpī, acceptus: receive, accept, obey

accommodō (1): adapt

accrēscō, accrēscere, accrēvī, accrētus: increase

accumbō, accumbere, accubuī, accubitus: lie down, recline

accūsātīvus-a-um: accusative (22)

accūsō (1): accuse

ācer, ācris, ācre: sharp, cruel

acerbē (adv): bitterly (20)

acerbus-a-um: bitter, unpleasant (20)

aciēs-ēī, f: battle line (has many other meanings, such as "edge of sword") (10)

ācta, āctōrum, n: deeds, actions
āctiō, āctiōnis, f: action (17)
āctīvus-a-um: active
āctus-ūs, m: act
acūtus-a-um: sharp
ad: (prep w acc): to, toward, according to (27)
addō, addere, addidī, additus: add
adeō (substitutor): to such an extent, so
adhūc (substitutor): still
adimō, adimere, adēmī, adēmptus: take away
aditus-ūs, m: access, entrance
adjectīvum-ī, n: adjective (25)
adjuvō, adjuvāre, adjūvī, adjūtus: aid, assist (15)
administrātor, administrātōris, m: administrator
administrō (1): administer
admittō, admittere, admīsī, admissus: let in, commit (a crime)
adolēscēns, adolēscentis, m&f: (m) young man; (f) young
    woman
adolēscō, adolēscere, adolēvī: grow up
adōrō (1): pray
adstō, adstāre, adstitī: stand near, be present
adsum, adesse, adfuī (irreg): be at hand
adūlātiō, adūlātiōnis, f: flattery
adultus-a-um: grown, adult
aduncus-a-um: curved
adversus-a-um: hostile; as neuter pl noun, adverse circum-
    stances
aedēs, aedis, f: temple; in pl, rooms, house
aedificium-ī, n: building (29)
aedificō (1): build (27)
aeger, aegra, aegrum: sick; as noun, sick person (6)
aegrē (adv): with difficulty
aegritūdō, aegritūdinis, f: sickness
aegrōtō (1): be sick
aegrōtus-a-um: sick
aemulātiō, aemulātiōnis, f: competition
aequālis-e: equal
aequē (adv): equally
aequō (1): make equal
aequor, aequoris, n: level place, plain, sea
aequōreus-a-um: of the sea

aequus-a-um: fair, just
āēr, āeris, m: air
aes, aeris, n: bronze, money; *aes aliēnum*, debt
aestās, aestātis, f: summer
aestimō (1): value, judge
aetās, aetātis, f: age, youth
aeternus-a-um: eternal, lasting
aetherius-a-um: ethereal, heavenly, belonging to upper air
Aetnaeus-a-um: pertaining to Mt. Aetna in Sicily
afferō, afferre, attulī, allātus (irreg): bring, bring to
afflō (1): blow
ager, agrī, m: field, farm (27)
agilis-e: active
agitātor, agitātōris, m: driver
agnīnus-a-um: belonging to a lamb
agnōscō, agnōscere, agnōvī, agnitus: recognize
agnus-ī, m: lamb (8)
agō, agere, ēgī, āctus: put something in motion (has a wide
    range of meaning depending upon its object; for example,
    equum agere means "drive a horse," *grātiās agere* means
    "give thanks," etc.)
agrestis-e: rustic, savage
agricola-ae, m: farmer
agricultūra-ae, f: agriculture
ajō (defect and irreg verb used mainly in present and past im-
    perfective tenses): say
ālea-ae, f: one of a set of dice; risk, venture
algeō, algēre, alsī: be frozen
aliēnus-a-um: belonging to someone else
aliquandō (substitutor): sometimes
aliquantum (acc used adverbially): somewhat, a little
aliquis, aliquid: someone, something
alius, alia, aliud: other; *alius . . . alius*, one . . . another
almus-a-um: nourishing
alō, alere, aluī, altus: feed, nourish
altē (adv): far, high, deeply
alter, altera, alterum: the other one (of two) (30)
altitūdō, altitūdinis, f: height
altus-a-um: high, deep (26)
amāns (adj, gen *amantis*, present participle of *amō*): loving; as
    noun, lover

amāritūdō, amāritūdinis, f: bitterness
amārus-a-um: bitter, unpleasant
amātor, amātōris, m: lover
ambitiō, ambitiōnis, f: ambition
ambō, ambae, ambō (irreg): both
ambrosius-a-um: made of ambrosia; as feminine noun, food of
    the gods
ambulātiō, ambulātiōnis, f: walking
ambulō (1): walk
amīca-ae, f: girl friend
amīcitia-ae, f: friendship
amīcus-a-um: friendly; as noun, a friend (11)
āmittō, āmittere, āmīsī, āmissus: lose (18)
amnis, amnis, m: river
amō (1): love (17)
amor, amōris, m: love, love affair, affection (17)
amphitheātrum-ī, n: amphitheatre
amphora-ae, f: jug
an (interrog coord conj used in double questions w *utrum*): or;
    also used by itself implying an alternative (8)
ancora-ae, f: anchor
andābata-ae, m: gladiator whose vision was obscured to some
    extent by a special helmet
Andragorās-ae, m: man who died after dining with Martial (30)
Anglicē: in English
anguilla-ae, f: eel
anguis, anguis, m&f: snake
angulus-ī, m: corner (10)
angustus-a-um: narrow, difficult, small, poor
anima-ae, f: life, soul
animal, animālis, n: animal (13)
animula-ae, f: little soul, life
animus-ī, m: mind, emotion, attitude, courage, disposition,
    character
annuō, annuere, annuī, annūtus (w complement in dat): nod,
    assent to, approve of
annus-ī, m: year
ante (prep w acc): before
ante (substitutor): before this, in front
anteā (substitutor): before this
antīquus-a-um: ancient, old-fashioned

244

antrum-ī, n: cave
ānulus-ī, m: ring
anus-ūs, f: old lady (5)
anxius-a-um: worried
aper, aprī, m: wild boar (5)
aperiō, aperīre, aperuī, apertus: open, reveal, disclose (4)
apertūra-ae, f: opening (18)
apertus-a-um: open, uncovered
apis, apis, f: bee
appāreō, appārēre, appāruī: appear
appellō (1): name, call
appetō, appetere, appetīvī, appetītus: try to reach; attack
apportō (1): carry, bring up
aprīcus-a-um: sunny; as neuter noun, sunny place
aptus-a-um: suitable, useful
apud (prep w acc): at the house of, within the power of
aqua ae, f: water (13)
aquaeductus-ūs, m: aqueduct
aquila-ae, f: eagle (5)
Aquilō, Aquilōnis, m: North Wind; cold (28)
āra-ae, f: altar
arānea-ae, f: cobweb
arātor, arātōris, m: plowman
arbiter, arbitrī, m: judge
arbor, arboris, f: tree
arca-ae, f: box, money chest
architectūra-ae, f: architecture
arcus-ūs, m: bow (for shooting) (10); arch
ārdeō, ārdēre, ārsī: be on fire, be feverish, be in love
arduus-a-um: difficult
argenteus-a-um: made of silver
argentum-ī, m: silver
arguō, arguere, arguī, argūtus: prove, argue, reveal
arma, armōrum, n: arms
ars, artis, f: art, education, skill, literature (17), science of
    medicine; in bad sense, cunning
ascendō, ascendere, ascendī, ascēnsus: ascend
asellus-ī, m: donkey
asinus-ī, m: donkey (5)
aspectus-ūs, m: appearance, seeing, sight (18)
asper, aspera, asperum: bitter, unpleasant

245

aspiciō, aspicere, aspexī, aspectus: see (15)
assideō, assidēre, assēdī, assessus: sit near
assignō (1): assign
assuēscō, assuēscere, assuēvī, assuētus: become used to
ast (coord conj, old variant of *at*): but
astrum-ī, n: star
astūtia-ae, f: cunning
at (coord conj showing strong contrast): but (29)
āter, ātra, ātrum: black, gloomy
atque (coord conj, variant of *ac*): and (23)
ātrium-ī, n: main room in a Roman house
attribuō, attribuere, attribuī, attribūtus: assign
attrītus-a-um: worn away
auctor, auctōris, m: author, writer (12)
auctōritās, auctōritātis, f: authority
audācia-ae, f: boldness
audāx (adj, gen *audācis*): bold
audēns (adj, gen *audentis*): brave
audeō, audēre, ausus: dare
audiō, audīre, audīvī, audītus: hear (18)
auferō, auferre, abstulī, ablātus (irreg): carry away
augeō, augēre, auxī, auctus: increase
augēscō, augēscere: begin to grow, begin to increase
augustus-a-um: holy
aula-ae, f: palace
aura-ae, f: breeze
aureus-a-um: made of gold
auricula-ae, f: ear
aurīga-ae, m or f: chariot driver
auris, auris, f: ear (6)
aurītus-a-um: long-eared
aurum-ī, n: gold
aut (coord conj): either; *aut . . . aut*, either . . . or (26)
autem (sentence connector): but, however, moreover
autumnus-a-um: autumn
auxilium-ī, n: aid, assistance, help (12)
avārē (adv): greedily (19)
avāritia-ae, f: greed, avarice (8)
avārus-a-um: greedy; as noun, miser (17)
aveō, avēre: be healthy; *avē*, hello, keep your health
aviditās, aviditātis, f: great desire, avarice, greed

avis, avis, f: bird

bāca, ae, f: olive, small fruit
baculus-ī, m (variant, *baculum-ī*, n): cane
balneae, balneārum, f pl: bath
balneum-ī, n: bath
barba-ae, f: beard (sign of a philosopher at certain periods in Rome) (24)
barbarus-a-um: barbarian
basilicus-a-um: royal, splendid; as feminine noun, public building
beātus-a-um: blessed, happy, rich (25)
bellātor, bellātōris, m: warrior, fighter
bellicus-a-um: warlike
belliger, belligera, belligerum: warlike
bellō (1): wage war
bellum-ī, n: war, battle
bellus-a-um: pretty, attractive, skilled (19)
bene (irreg adv of *bonus*): well; as exclamation, well done (18)
beneficium-ī, n: benefit, favor (20)
benignē (adv): kindly
benignitās, benignitātis, f: kindness
benignus-a-um: kind
bēstia-ae, f: beast
bēstiārius-a-um: of a wild beast; as masculine noun, wild beast fighter
bēta-ae, f: beet
bibō, bibere, bibī: drink (13)
binōminis, binōmine: having two names
bis (adv): two times, twice (20)
blandē: smoothly (19)
blandulus-a-um: charming
blandus-a-um: smooth, pleasant (13), kind (14)
bonus-a-um: good, honest, noble (12); as neuter noun, good thing, possession (17)
bōs, bovis, m&f: ox, bull; cow
brācātus-a-um: wearing trousers
brevis-e: short (in height or time) (17)
brevitās, brevitātis, f: brevity
bulla-ae, f: amulet worn by Roman boys of important families
bullātus-a-um: wearing a bulla

bursa-ae, f: purse

cachinnus-ī, m: laughter
cadō, cadere, cedidī: fall
cadūcus-a-um: perishable
Caeciliānus-ī, m: name of man addressed in a poem by Martial
    (19)
caecus-a-um: not able to see, blind; of things, causing blindness;
    dark; as noun, blind person
caedō, caedere, cecīdī, caesus: kill, hurt
caelestis-e: heavenly
caelestis, caelestis, m: deity
caelum-ī, n: sky, heaven, environment, weather, climate
Caesar, Caesaris, m: part of the name of Gaius Julius Caesar;
    name also used by later emperors (27)
calamitās, calamitātis, f: disaster
calamitōsus-a-um: unfortunate
calēscō, calēscere, caluī: be warm, grow warm
calidus-a-um: warm, hot
callidus-a-um: shrewd
calor, calōris, m: warmth, heat
camera-ae, f: arched roof
campāna-ae, f: bell
campus-ī, m: field
candidus-a-um: white, beautiful
canīna-ae, f: dog flesh
canis, canis, m&f: dog (5)
canō, canere, cecinī, cantus: sing
cantō (1): recite poems, sing (20)
cānus-a-um: white (particularly of hair)
caper, caprī, m: goat
capiō, capere, cēpī, captus: catch, make (a plan), take up (4)
captīvus-a-um: caught
captō (1): try to catch, hunt, pursue; flatter people in order to
    inherit money
captor, captōris, m: one who catches (18)
caput, capitis, n: head
carcer, carceris, m: prison
careō, carēre, caruī (w abl): be without, lack
carmen, carminis, n: song, poem (29)
carō, carnis, f: flesh, meat

carpō, carpere, carpsī, carptus: pick, take, choose, enjoy, make
cārus-a-um: dear
casa-ae, f: cottage
cassis, cassidis, f: helmet
castellum-ī, n: fort, fortress
castīgō (1): punish
castra-ōrum, n: camp
cāsus-ūs, m: case (of a noun) (22); accident, chance, misfortune; occurrence
catēnō (1): chain
cattus-ī, m: cat
catulus-ī, m: puppy; young of animals
cauda-ae, f: tail (of an animal)
causa-ae, f: case, cause, reason (22)
causidicus-ī, m: lawyer
cautē (adv): cautiously (19)
cautus-a-um: cautious (6)
cavea-ae, f: enclosure, cage, den; section of theater where audience sat
caverna-ae, f: cave
cavō (1): carve, hollow out, wear away
cēdō, cēdere, cessī: go away
celer, celeris, celere: quick, swift (20)
celeritās, celeritātis, f: speed
celeriter: quickly (20)
cēlō (1): hide
cēna-ae, f: dinner
cēnō (1): dine, eat (19)
cēnsor, cēnsōris, m: censor (Roman magistrate who took the census and who could appoint to or remove from the Senate
cēnsus-ūs, m: census, wealth
centum (indecl adj): hundred
Cerēs, Cereris, f: goddess of agriculture; grain, bread, food
cernō, cernere, crēvī, crētus: see, discover (11)
certāmen, certāminis, n: fight, contest (27)
certō (1): fight (27)
certus-a-um: certain (11); fixed, established (16); as neuter noun, sure things (26)
cervus-ī, m: deer
cessō (1): cease from, stop; be inactive, do nothing
cēterus-a-um: the other

chorda-ae, f: string of a harp, lyre, or lute
chorus-ī, m: chorus
Christus-ī, m: Christ
cibus-ī, m: food
cicāda-ae, f: cricket, grasshopper
cinis, cineris, m: ashes, death
circēnsis, circēnse: belonging to the Circus; as masculine pl
   noun, races, gladiatorial games
circueō, circuīre, circuī: go around (30)
circum (prep w acc): about, around
circumagō, circumagere, circumēgī, circumāctus: turn around
circumdatus-a-um: surrounded
circumdō, circumdare, circumdedī, circumdatus: surround
circus-ī, m: stadium
cithara-ae, f: lyre, harp, lute
citharoedus-ī, m: one who plays the lute, lyre, or harp
citō (1): arouse, awake
citus-a-um: quick, fast (29); neuter abl, citō, swiftly, quickly
   (30)
cīvīlis-e: civil
cīvis, cīvis, m&f: citizen
cīvitās, cīvitātis, f: citizenship, city-state, country
clāmō (1): shout
clāmor, clāmōris, m: shout, cry
clārus-a-um: famous, bright
claudō, claudere, clausī, clausus: close
claudus-a-um: lame
clēmentia-ae, f: clemency, kindness
clērus-ī, m: priest (medieval word)
clīvus-ī, m: hill, slope
coāctus-a-um: forced, unnatural
coccinus-a-um: scarlet
cochlea-ae, f: snail
cōdex, cōdicis, m: book with covers, like our books
coepī, coeptus (perfective system only): began
coeptus-a-um: begun, commenced; as neuter noun, under-
   taking
cōgitātiō, cōgitātiōnis, f: thinking
cōgitō (1): think, meditate, plan (19)
cognōscō, cognōscere, cognōvī, cognitus: recognize (8)
cōgō, cōgere, coēgī, coāctus: compel

cohabitō (1): live together
collāpsus-a-um: fallen down, ruined
collēga-ae, m: colleague
colligō, colligere, collēgī, collēctus: collect
collis, collis, m: hill
collocō (1): place
colloquium-ī, n: conversation
colō, colere, coluī, cultus: honor (14); take care of (21); till
colōnia-ae, f: colony
color, colōris, m: color (30); complexion
colossus-ī, m: gigantic statue, statue larger than life-size
columba-ae, f: dove
columna-ae, f: column, pillar, post
coma-ae, f: hair (of the head)
combūrō, combūrere, combussī, combustus: consume, burn up
comedō, comedere (or comēsse), comēdī, comēsus (or comēstus)
     (irreg): eat
comes, comitis, m&f: companion
comēstibilis-e: edible
comitō (1): accompany (28)
commendātiō, commendātiōnis, f: praise
commendō (1): recommend
commentārium-ī, n: journal
comminuō, comminuere, comminuī, comminūtus: lessen
commisceō, commiscēre, commiscuī, commixtus: mix together
commodus-a-um: graceful, pleasant, convenient
commōnstrō (1): indicate clearly
commoveō, commovēre, commōvī, commōtus: move greatly
commūnis-e: common
commūtō (1): change
cōmoedia-ae, f: comedy
compescō, compescere, compescuī: repress, check, hold back
complūrēs-ia: several
compōnō, compōnere, composuī, compositus: put together,
     construct, build; write, compose; bury (a body)
comprimō, comprimere, compressī, compressus: hold in, check
computō (1): count
concha-ae, f: shell
conciliō (1): win over
conclūdō, conclūdere, conclūsī, conclūsus: shut up, enclose
concordia-ae, f: harmony, concord

251

concrēscō, concrēscere, concrēvī, concrētus: increase
concupīscō, concupīscere, concupīvī, concupītus: desire greatly
concutiō, concutere, concussī, concussus: strike hard, convulse,
    shake hard
condiciō, condiciōnis: state, situation
condiscipulus-ī, m: fellow student
condō, condere, condidī, conditus: store, put away; found
    (a city)
cōnficiō, cōnficere, cōnfēcī, cōnfectus: complete, accomplish,
    finish
cōnfirmātiō, cōnfirmātiōnis, f: verification (12)
cōnfundō, cōnfundere, cōnfūdī, confūsus: confuse
cōnfūsus-a-um: stirred up, troubled
congregō (1): herd together
congressus-ūs, m: association, getting together, communication
conjugium-ī, n: marriage
conjūnctiō, conjūnctiōnis, f: conjunction (28)
conjūrātiō, conjūrātiōnis, f: conspiracy, plot
cōnscientia-ae, f: conscience
cōnscrībō, cōnscrībere, cōnscrīpsī, cōnscrīptus: compile, write
    down
cōnsēnsus-ūs, m: agreement
cōnsentiō, cōnsentīre, cōnsēnsī, cōnsēnsus: agree
cōnserva-ae, f: fellow slave (female)
cōnservātor, cōnservātōris, m: preserver
cōnservō (1): preserve
cōnsilium-ī, n: plan; cōnsilium capere, make a plan (14)
cōnsimilis-e: quite similar
cōnsistō, cōnsistere, cōnstitī: consist of
cōnsōlātiō, cōnsōlātiōnis, f: consolation
cōnspectus-ūs, m: view
cōnspiciō, cōnspicere, cōnspexī, cōnspectus: see
cōnstāns (adj, gen cōnstantis): constant
cōnstanter: consistently, firmly
cōnstantia-ae, f: constancy
cōnstituō, cōnstituere, cōnstituī, cōnstitūtus: set up, establish
cōnstō, cōnstāre, cōnstitī: consist
cōnsuētūdō, cōnsuētūdinis, f: custom, habit
cōnsul, cōnsulis, m: consul (highest Roman magistrate)
cōnsulātus-ūs, m: consulship
cōnsultum-ī, n: decree

252

cōnsummō (1): finish, complete (27)

cōnsūmō, cōnsūmere, cōnsūmpsī, cōnsūmptus: wear out

contemnō, contemnere, contempsī, contemptus: despise

contemplātiō, contemplātiōnis, f: contemplation, attentive consideration

contemplātīvus-a-um: contemplative, speculative

contemptus-a-um: contemptible

contendō, contendere, contendī: hasten, strain

contentus-a-um: content

conterō, conterere, contrīvī, contrītus: wear out

contineō, continēre, continuī, contentus: contain

continuus-a-um: continuous

contrā (prep w acc): against

contractus-a-um: contracted

contrahō, contrahere, contrāxī, contractus: contract, make smaller

contrārius-a-um: opposite

contumēlia-ae, f: abuse

convalēscō, convalēscere, convaluī: get well, regain strength

conveniō, convenīre, convēnī, conventus: come together, gather, fit, be suitable, get along with

convīva-ae, m&f: guest at a meal (19)

convīvium-ī, n: banquet

cōpia-ae, f: abundance, supply, wealth, prosperity

cōpiōsus-a-um: plentiful

cōpō, cōpōnis, m: innkeeper

coquō, coquere, coxī, coctus: cook

coquus-ī, m: cook

cor, cordis, n: heart

cornū-ūs, n: horn (of an animal)

cornūtus-a-um: horned

corōnō (1): crown

corpus, corporis, n: body; physical beauty (13)

corrigō, corrigere, corrēxī, corrēctus: correct, reform, change

corripiō, corripere, corripuī, correptus: seize

corrumpō, corrumpere, corrūpī, corruptus: destroy, corrupt

corvus-ī, m: crow

cottīdiānus-a-um: daily

cottīdiē (substitutor): daily

crās (substitutor): tomorrow (26)

crātēra-ae, f: mixing bowl; opening of volcano

crēber, crēbra, crēbrum: numerous
crēditor, crēditōris, m: lender
crēdō, crēdere, crēdidī, crēditus: entrust (something to some-
     body); frequently used with just the person in the dative:
     trust (somebody), believe (somebody) (30)
crēdulus-a-um: trusting, credulous (17)
cremō (1): burn up, cremate (28)
creō (1): elect
crēscō, crēscere, crēvī, crētus: grow, increase
crēta-ae, f: chalk, cosmetic
crētātus-a-um: covered with chalk or powder
crīmen, crīminis, n: charge, accusation, crime
crisis, crisis, f: crisis (of a disease)
crūdēlis-e: cruel (7)
crūdēlitās, crūdēlitātis, f: cruelty (17)
crūdēliter (adv): cruelly (19)
crux, crucis, f: cross
cubiculum-ī, n: bedroom
cubitus-ī, m: elbow
cucullus-ī, m: cowl, hood
culex, culicis, m&f: gnat
culīna-ae, f: kitchen
culpa-ae, f: fault
culpō (1): blame
cultūra-ae, f: cultivation
cultus-ūs, m: cultivation, civilization, refinement, development
     (22)
cum (prep w abl): with (9); *quōcum?*, with whom?
cum (subord conj): when (19)
cūnctus-a-um: all
cúpidē (adv): eagerly
cupiditās, cupiditātis, f: greed
Cupīdō, Cupīdinis, m: Cupid
cupidus-a-um: greedy, desirous (in both good and bad sense)
cupiō, cupere, cupīvī, cupītus: wish for, desire
cūr (substitutor): why
cūra-ae, f: care, careful preparation
cūrātor, cūrātōris, m: one who takes care
cūria-ae, f: Senate building
cūrō (1): care for, cure (16)
currō, currere, cucurrī: run, sail (5)

currus-ūs, m: chariot
cursus-ūs, m: running, race, course (27)
custōdiō, custōdire, custōdivī, custōditus: guard, watch over (20)
custōs, custōdis, m&f: watchman, guard (26)

daemōn, daemonis, m: devil
damnō (1): condemn (19)
damnum-ī, n: loss
daps, dapis, f: feast, banquet
datīvus-a-um: dative (22)
dator, datōris, m: giver
dē (prep w abl): down from, out of, concerning (25)
dea-ae, f: goddess
dēbeō, dēbēre, dēbuī, dēbitus: with noun as object, owe; with infinitive as object, ought (24)
decem (indecl adj): ten (28)
dēceptiō, dēceptiōnis, f: deception
decet, decēre, decuit (used only in third person, sg and pl): becomes
deciēns (adv): ten times
decimus-a-um: tenth (19)
dēcipiō, dēcipere, dēcēpī, dēceptus: deceive
dēclinātiō, dēclinātiōnis, f: declension (24)
decorō (1): beautify, adorn, decorate
decōrus-a-um: proper, becoming
dēcrēscō, dēcrēscere, dēcrēvī, dēcrētus: diminish, subside
decus, decoris, n: glory, honor
dēdūcō, dēdūcere, dēdūxī, dēductus: derive from
dēfendō, dēfendere, dēfendī, dēfēnsus: defend
dēficiō, dēficere, dēfēci, dēfectus: fail, be lacking, run out
dēfluō, dēfluēre, dēflūxī: flow down (13)
dēfūnctus-a-um: dead
deinde (sentence connector): then
dējiciō, dējicere, dējēcī, dējectus: throw down, bring low
dēlātor, dēlātōris, m: informer
dēlectō (1): delight, please
dēmentia-ae, f: madness
dēmigrō (1): move, change location
dēminuō, dēminuere, dēminuī, dēminūtus: make smaller, grind
dēnegō (1): deny

dēnique (sentence connector): finally

dēns, dentis, m: tooth (15)

dēnsus-a-um: dense, thick, numerous

dēpellō, dēpellere, dēpulī, dēpulsus: drive away

dēpōnō, dēpōnere, dēposuī, dēpositus: put down, put aside (24)

dērīdeō, dērīdēre, dērīsī, dērīsus: laugh at, make fun of, deride (28)

dēscendō, dēscendere, dēscendī, dēscēnsus: descend

dēscrībō, dēscrībere, dēscrīpsī, dēscrīptus: represent, describe

dēsīderō (1): desire

dēsinō, dēsinere, dēsiī: stop, cease

dēsipiō, dēsipere: act foolishly

dēsistō, dēsistere, dēstitī, dēstitus: cease, stop

dēspērō(1): give up hope

dēstruō, dēstruere, dēstrūxī, dēstrūctus: destroy

dēsum, dēesse, dēfuī (irreg): be lacking

dēsuper (substitutor): down from above

dēterreō, dēterrēre, dēterruī, dēterritus: deter, discourage

dētrahō, dētrahere, dētrāxī, dētractus: take away

deus-ī, m: pagan god (4); when capitalized, monotheistic God

dēvāstō (1): devastate

dēvertō, dēvertere, dēvertī, dēversus: turn aside

dēvocō (1): call down

dexter, dextra, dextrum: right-handed; as feminine noun, right hand

diadēma, diadēmatis, n: diadem

Diāna-ae, f (variant, *Diāna*): Diana; threefold goddess of moon, woods, and underworld

Diaulus-ī, m: name of the undertaker in one of Martial's poems who had been a doctor (28)

dīcō, dīcere, dīxī, dictus: say (18)

dictātor, dictātōris, m: dictator

dictum-ī, n: saying, word, talk (13)

diēs, diēī, m or f: time (4); daylight (22); the day of 24 hours, one's birthday, one's day of death

differō, differre, distulī, dīlātus (irreg): differ

difficilis-e: difficult (to do) (24); difficult (to get along with) (30)

difficultās, difficultātis, f: difficulty (24)

dīgestiō, dīgestiōnis, f: digestion

digitus-ī, m: finger, toe (28)

dīligēns (adj, gen *dīligentis*): diligent

dilingenter (adv): carefully
diligō, diligere, dilēxī, dilēctus: love, cherish (4)
diluō, diluere, diluī, dilūtus: dilute
dimidius-a-um: half; as neuter noun, one half
dimittō, dimittere, dimīsī, dimissus: send away, dismiss, let
    loose
dirus-a-um: cruel
disciplina-ae, f: learning
discipulus-ī, m: student, pupil (24)
discō, discere, didicī: learn
discordia-ae, f: discord, disagreement
discordō (1): disagree
discrimen, discriminis, n: difference, distinction
disertus-a-um: skillful in speaking, learned
dispēnsātor, dispēnsātōris, m: treasurer, paymaster
dispōnō, dispōnere, disposuī, dispositus: dispose, put in dif-
    ferent places, distribute
dissimilis-e: different
dissimulō (1): pretend
dissipō (1): scatter
dissolūtus-a-um: dissolute
dissolvō, dissolvere, dissolvī, dissolūtus: destroy
distichon-ī, n: couplet, two-line unit of verse, much used by
    Martial
distō (1): be separate, be distant, be different
distrahō, distrahere, distrāxī, distractus: distract, perplex
ditō (1): enrich
diū (substitutor): for a long time
diurnus-a-um: daily; ācta diurna, daily newspaper
diūturnus-a-um: long lasting
diversus-a-um: different
divertō, divertere, divertī, diversus: turn off
dives (adj gen divitis): rich; as masculine noun, rich man (28)
dividō, dividere, divisī, divisus: divide
divinus-a-um: divine (27)
divitiae-ārum, f: riches
divortium-ī, n: divorce
divus-a-um: divine; as neuter noun, sky; sub divō, out in the
    open
dō, dare, dedī, datus (irreg in that the vowel is short -a- in
    almost all forms): give (20)

257

doceō, docēre, docuī, doctus: teach
doctor, doctōris, m: teacher
doctrīna-ae, f: teaching
doctus-a-um: learned
doleō, dolēre, doluī,: ache, grieve
dolor, dolōris, m: pain (of body); grief (of mind) (25)
domesticus-a-um: domestic, not wild (20)
domicilium-ī, n: residence
domina-ae, f: mistress (of a household) (23)
dominus-ī, m: master (of a household) (23)
Dominus-ī, m: Lord
domō, domāre, domuī, domitus: subdue
domus-ūs, f: house (also some forms in Second Declension)
dōnātiō, dōnātiōnis, f: donation, gift (18)
dōnātor, dōnātōris, m: one who gives, donor (18)
dōnec (subord conj): while, until (29)
dōnō (1): give, confer (13)
dōnum-ī, n: gift
dormiō, dormīre, dormīvī: sleep
dormītō (1): nod, fall asleep
dōtō (1): endow, furnish a woman with a dowry for marriage
dracō, dracōnis, m: dragon, huge serpent
dubius-a-um: doubtful; as neuter noun, doubt
dūcō, dūcere, dūxī, ductus: lead (16); guide (25); marry (21)
ductor, ductōris, m: leader
dūdum: (intensifier): *jam dūdum*, for some time, at long last
dulcis-e: pleasant, sweet; as neuter pl noun, candy
dum (subord conj): while (25)
duo, duae, duo: two (26)
duodecim (indecl adj): twelve
duplex (adj, gen *duplicis*): double, deceitful
duplicō (1): double
dūrō (1): last, endure
dūrus-a-um: harsh, difficult
dux, ducis, m: leader (17); guide (25)

ē (variant of *ex*, prep w abl): out of, from
ēbrietās, ēbrietātis, f: drunkenness
ēbrius-a-um: drunk, intoxicated; as noun, drunken person (19)
ecce (interjection): look! (29)
ēdictum-ī, n: decree, proclamation

edō, edere, ēdī, ēsus: eat (27)
ēducō (1): educate, develop, teach
efficāx (adj, gen *efficācis*): efficient
efficiō, efficere, effēcī, effectus: make, produce
effigiēs, -ēī, f: statue (10)
effringō, effringere, effrēgī, effrāctus: break open
effugiō, effugere, effūgī: escape (25)
egeō, egēre, eguī (w complement in abl): be in want, need
egestās, egestātis, f: need, want
ego (irreg personal pronoun; other forms in sg: mē, mē,
    mihi, mei): I, me (24)
eheu (interjection): alas!
ēlēctus-a-um: picked
ēlegāns (adj, gen *ēlegantis*): fine, elegant
elephantus-ī, m: elephant (4)
elephās, elephantis, m: variant form of *elephantus*
ēligō, ēligere, ēlēgī, ēlēctus: choose
ēloquēns (adj, gen *ēloquentis*): talkative (6); eloquent (19)
ēloquentia-ae, f: eloquence
emendō (1): correct
ēmittō, ēmittere, ēmīsī, ēmissus: let go, allow to escape
emō, emere, ēmī, ēmptus: buy, get (18)
ēmptor, ēmptōris, m: buyer
enim (sentence connector): for (28)
ēnormis-e: enormous, extremely large
ēnsis, ēnsis, m: sword
ēnumerō (1): count up
eō, īre, iī (irreg): go (27)
epigramma, epigrammatis, n: short poem, epigram
epistula-ae, f: letter
equa-ae, f: mare, female horse
eques, equitis, m: rider, knight, member of social and political
    class below senator but above common people
equester, equestris, equestre: pertaining to horsemen or to
    member of order of *equitēs*
equus-ī, m: horse (5)
ergā (prep w acc): toward
ergō (sentence connector): therefore (25)
ērigō, ērigere, ērēxī, ērēctus: lift up
ēripiō, ēripere, ēripuī, ēreptus: take away, snatch (27)
errō (1): wander, make a mistake, err (25)

error, errōris, m: mistake
ērudītiō, ērudītiōnis, f: learning
ērudītus-a-um: educated, learned
ēsuriēns (adj, gen ēsurientis, present participle of ēsuriō):
    hungry; as noun, hungry person
ēsuriō, ēsurīre: be hungry
et (coord conj): and (5); et . . . et, both . . . and (13)
et (intensifier): even (21)
etiam (intensifier): even (7)
Eutrapelus-ī, m: name of a barber (30)
ēvādō, ēvādere, ēvāsī: escape
ēvānēscō, ēvānēscere, ēvānuī: vanish
ēvangelizō (1): preach the gospel
ex (variant of e, prep w abl): out of, from (15)
exacuō, exacuere, exacuī, exacūtus: sharpen
exaudiō, exaudīre, exaudīvī, exaudītus: hear
excellēns (adj, gen excellentis): excellent, outstanding
exceptiō, exceptiōnis, f: exception
excidō, excidere, excidī: fall out, slip out
excitātus-a-um: aroused
excitō (1): raise, produce, cause, frighten
exclāmō (1): exclaim, shout
exclūdō, exclūdere, exclūsī, exclūsus: shut out
excutiō, excutere, excussī, excussus: shake off, knock off
exemplar, exemplāris, n: example, model
exemplum-ī, n: example (22)
exeō, exīre, exiī (irreg): depart
exerceō, exercēre, exercuī, exercitus: keep someone busy, train;
    exercēre histriōnem, act a part on the stage
exercitātiō, exercitātiōnis, f: practice, training
exercitus-ūs, m: army
exhibeō, exhibēre, exhibuī, exhibitus: display
exhilarō (1): cheer up
exiguus-a-um: short, small, slight (28)
exitus-ūs, m: result
experientia-ae, f: experience
experīmentum-ī, n: test
expingō, expingere, expīnxī, expictus: paint, rouge (30)
explicō (1): explain
exsanguis-e: bloodless
exsiliō, exsilīre, exsiluī: jump out

exsilium-ī, n: exile.
exspuō, exspuere, exspuī, exspūtus: spit out
exstinguō, exstinguere, exstīnxī, exstīnctus: extinguish
exstō, exstāre: stand out, exist
exstruō, exstruere, exstrūxī, exstrūctus: equip
exsul, exsulis, m&f: exile
exsulō (1): live in exile, be an exile
extendō, extendere, extendī, extentus: extend
exterior, exterius: outside
externus-a-um: external, foreign
extrā (prep w acc): beyond reach of
extrā (substitutor): outside of someplace
extrēmus-a-um: far away

faba-ae, f: bean
fābella-ae, f: story
faber, fabra, fabrum: skilled; as masculine noun, skilled work-
    man, carpenter
fabricō (1): build
fābula-ae, f: story, play
Fabulla-ae, f: conceited girl in poem by Martial (28)
faciēs-ēī, f: face (10)
facile (acc used adverbially): easily
facilis-e: easy to do, easy, able to do things easily; *auris facilis*
    is a "sympathetic ear," that is, easy to get a word to (6)
faciō, facere, fēcī, factus: make, create, produce (7)
factum-ī, n (neuter of past participle of *faciō*): deed, action (13)
fācundus-a-um: witty, speaking in an interesting manner
faenus, faenoris, n: interest
fallāx (adj, gen *fallācis*): deceitful
fallō, fallere, fefellī, falsus: deceive, trick, dupe
falsus-a-um: false (25); as neuter noun, lie, falsehood
fāma-ae, f: fame, rumor, news
famēs, famis (irreg abl *famē*), f: hunger
familia-ae, f: household
famula-ae, f: female slave
famulus-ī, m: male slave
farīna-ae, f: flour
fās, n (indecl noun): divine law
fascis, fascis, m: bundle; in pl, bundle of rods (symbol of
    Roman power)

fāstī-ōrum, m pl: calendar
fatigātus-a-um: tired
fātum-ī, n: fate, fortune, death; in pl, capitalized to indicate the
    three Fates who control mankind (16)
fatuus-a-um: silly, foolish
faveō, favēre, fāvī, fautus (w complement in dat): favor, show
    favor
favor, favōris, m: favor
febris, febris, f: fever (28)
fēlēs, fēlis, f: cat
fēlicitās, fēlicitātis, f: prosperity, happiness; when capitalized,
    goddess of prosperity (6)
fēlix (adj, gen *fēlicis*): fortunate, happy (20); bringing happi-
    ness; lucky, prosperous (8)
fēmina-ae, f: woman (8)
fēminīnus-a-um: feminine (one of the three genders of Latin
    nouns) (26)
fenestra-ae, f: window
fera-ae, f: wild beast
ferculum-ī, n: course at dinner
ferē (intensifier): almost, nearly, usually
feriō, ferīre: strike, kill
feritās, feritātis, f: wildness (qualities of a wild beast)
ferō, ferre, tulī, lātus (irreg): carry, permit, endure, suffer (15)
ferōx (adj, gen *ferōcis*): wild, ferocious (20)
ferreus-a-um: iron, made of iron
ferrum-ī, n: iron
fertilis-e: fertile
ferus-a-um: wild, beastlike
fervefaciō, fervefacere, fervefēcī, fervefactus: heat
fervidus-a-um: hot
fervor, fervōris, m: heat
fessus-a-um: tired, exhausted
fēstus-a-um: festive; as neuter noun, holiday, feast day, festival
fidēlis-e: faithful
fidēs, fideī, f: faith, trust (27)
fidus-a-um: faithful
figūra-ae, f: shape, figure
fīlia-ae, f: daughter
fīliolus-ī, m: little son, little boy
filius-ī, m: son

fingō, fingere, finxī, fictus: make up, imagine
finis, finis, m: limit, end (21); pl, boundaries, territory
fīō, fierī (variant, *fieri*) (irreg): come into being, become,
    happen, get made (used for missing passive of *faciō*)
firmāmentum-ī, n: foundation (22)
firmus-a-um: firm
flagellō (1): whip
flamma-ac, f: flame, fire
flectō, flectere, flexī, flexus: change, persuade, influence
fleō, flēre, flēvī, flētus: cry, weep (18)
flētus-ūs, m: crying, weeping (18)
flō (1): blow, breathe
flōreō, flōrēre, flōruī: bloom, blossom, flourish, be prosperous
flōs, flōris, m: flower (22)
fluctuō (1): float, move like waves
fluēns (adj, gen *fluentis*): flowing
flūmen, flūminis, n: river (13)
fluō, fluere, flūxī: flow
foederātus-a-um: allied, united
foedus-a-um: disgusting, disgraceful
folium-ī, n: leaf
fōns, fontis, m: fountain, spring (13)
forma-ae, f: beauty, design
formīca-ae, f: ant
formōsus-a-um: handsome, beautiful, lovely (28)
fors (abl *forte*, other forms lacking), f: chance, fortune
fortasse (intensifier): perhaps
fortis-e: brave, strong, courageous (13)
fortitūdō, fortitūdinis, f: bravery, courage
Fortūna-ae, f: good luck; one's own luck (whether good or bad);
    Fortune (as a goddess), considered notoriously fickle by
    the ancients (8)
fortūnātus-a-um: blessed by Fortune
forum-ī, n: market place
fovea-ae, f: pitfall (6)
frāctūra-ac, f: breaking, break (18)
fragilis-e: easily broken, fragile (17)
frangō, frangere, frēgī, frāctus: break, remove, destroy (14)
frāter, frātris, m: brother
fraudō (1): cheat
fraus, fraudis, f: trick, deceit, trickery (8)

frēna-ōrum, n (also *frēni-ōrum*, m): bridle, bit
frēnō (1): control, harness, rein
frēnum-ī, n: bridle, bit
fretum-ī, n: strait
fricō, fricāre, fricuī, frictus: rub
frīgeō, frīgēre: be cold
frīgiditās, frīgiditātis, f: cold
frīgidus-a-um: cold
frīgus, frīgoris, n: cold
frōns, frondis, f: foliage, leaves
frōns, frontis, f: forehead, face, appearance
frūctuōsus-a-um: fruitful
frūctus-ūs, m: yield, production, fruit
frūmentātiō, frūmentātiōnis, f: distribution of grain
frūmentum-ī, n: grain
frūstrā (substitutor): in vain (30)
fuga-ae, f: flight
fugāx (adj, gen *fugācis*): fleeting
fugiō, fugere, fūgī: flee (28)
fugitīvus-a-um: stealthy
fugō (1): put to flight
fulgeō, fulgēre, fulsī: give out light, shine (28)
fulgor, fulgōris, m: brightness, splendor
fulgur, fulguris, n: lightning bolt
fulmen, fulminis, n: thunderbolt
fūmus-ī, m: smoke
fundō, fundere, fūdī, fūsus: pour
fūnestus-a-um: deadly
fūnus, fūneris, n: funeral
fūr, fūris, m&f: thief (8)
furnus-ī, m: oven, furnace
furor, furōris, m: madness, fury, anger (17)
fūrtum-ī, n: theft
fūstis, fūstis, m: club, stick, cudgel
futūrus-a-um: future; as neuter noun, future

gallināceus-ī, m: rooster
garriō, garrīre: chatter
gaudeō, gaudēre: rejoice, be happy
gaudium-ī, n: joy
gaza-ae, f: treasure, riches

gelidus-a-um: cold
Gellia-ae, f: woman who sent Martial a rabbit (28)
gelō (1): freeze (28)
gemellus-a-um: twin
gemma-ae, f: gem, jewel
gemō, gemere, gemuī, gemitus: groan
gena-ae, f: cheek (30)
generō (1): create
generōsus-a-um: nobly born
genitīvus-a-um: genitive (20)
gēns, gentis, f: clan, family, race, nation
genus, generis, n: family (13); kind; gender (grammatical) (26)
gerō, gerere, gessī, gestus: carry, have, carry on, use; *bellum gerere*, wage war
gignō, gignere, genuī, genitus: bear, create
glaciēs, glaciēī, f: ice
gladiātor, gladiātōris, m: gladiator
gladiātōrius-a-um: gladiatorial
gladius-ī, m: sword
globus-ī, m: ball
glōria-ae, f: glory, reputation (22)
glōriōsus-a-um: glorious
gnāvus-a-um: busy, active
gracilis-e: graceful
gradus-ūs, m: step, footing (10)
Graeculus-a-um: little Greek (contemptuous)
Graecus-a-um: Greek (24)
grāmen, grāminis, n: grass
grammaticus-a-um: grammatical; as feminine noun, grammar; as masculine noun, grammarian
grandis-e: great
grānum-ī, n: grain
grātia-ae, f: grace, thanks; *maximās grātiās agere*, to thank greatly
grātīs (contracted abl pl of *grātia*): with thanks, free of charge
grātus-a-um: grateful, pleasing (20)
gravis-e: heavy, hard, severe, serious (16)
gravitās, gravitātis, f: heaviness, seriousness (usually used by the Romans in a complimentary sense, "sense of responsibility") (18)
gregārius-a-um: common

265

gressus-ūs, m: step
grex, gregis, m: flock
gubernātor, gubernātōris, m: pilot, navigator
gubernō (1): govern
gustātiō, gustātiōnis, f: appetizer
gustō (1): taste
gutta-ae, f: drop

habēna-ae (usually in pl), f: reins
habeō, habēre, habuī, habitus: have, possess (6); think, know;
    with *umbram*, casts (a shadow)
habitō (1): dwell, live
haereō, haerēre, haesī, haesus: cling, stick
harēna-ae, f: arena
hasta-ae, f: spear
haud (negator): not at all
hauriō, haurīre, hausī, haustus: absorb, borrow, derive
herba-ae, f: herb, grass, weed
herbula-ae, f: little herb
Herculeus-a-um: belonging to Hercules
here: see *herī*
hērēditās, hērēditātis, f: inheritance
hērēs, hērēdis, m: heir
herī (variant *here*, substitutor): yesterday (26)
Hermocratēs, Hermocratis, m (Greek form in acc, *Hermocratēn*):
    in poem by Martial, name of doctor who killed Andragoras
    (30)
hērōs, hērōis, m: hero
heu (interjection): oh! ah!
hic, haec, hoc (pronoun): this one (near the speaker) (12)
hīc (substitutor): here, at this time
hiems, hiemis, f: winter
hilaris-e: cheerful, happy (4)
hilaritās, hilaritātis, f: cheerfulness, gaiety (18)
hirundō, hirundinis, f: swallow
historia-ae, f: history
historicus-a-um: historical; as masc noun, historian
histriō, histriōnis, m: actor
hodiē (substitutor): today (26)
hodiernus-a-um: modern, today's, belonging to today, contem-
    porary

266

holus, holeris, n: vegetable
Homērus-ī, m: Homer (supposed author of the *Iliad* and the
    Odyssey)
homicīda-ae, m&f: murderer
homicīdium-ī, n: murder
homō, hominis, m&f: human being, man (but "man" as a male
    is *vir*) (17)
honestās, honestātis, f: honor
honestē (adv): honorably
honestus-a-um: honorable, honest, good, worthy of honor;
    conferring honor on someone (21)
honor (variant, *honōs*), honōris, m: honor, mark of honor
hōra-ae, f: hour (22)
hordeum-ī, n: barley, malt
horreō, horrēre, horruī: shrink from
horribilis-e: horrible
horrificus-a-um: terrifying
hortus-ī, m: garden
hospes, hospitis, m&f: host, guest (29)
hostis, hostis, m&f: enemy
hūc (substitutor): to this place, up to this time
hūmānitās, hūmānitātis, f: culture
hūmānus-a-um: human (23)
humerus-ī, m: shoulder
humilis-e: low, low-lying, humble
humus-ī, f: ground, soil

ibī (substitutor): there
ictus-ūs, m: blow
īdem, eadem, idem (pronoun): the same
Īdūs, Īduum, f: Ides
igitur (sentence connector): therefore
ignārus-a-um: ignorant, unaware
ignāvia-ae, f: laziness, cowardice (17)
ignāvus-a-um: lazy, cowardly (13); as noun, cowardly person
igneus-a-um: red-hot, fiery, molten
ignis, ignis, m: fire
ignōrantia-ae, f: ignorance
ignōrō (1): not know, be ignorant of
ignōscō, ignōscere, ignōvī, ignōtus: pardon, forgive (with dat of
    person and acc of offense)

ignōtus-a-um: unknown
ille, illa, illud (pronoun): that one (away from the speaker) (17)
illitterātus-a-um: illiterate
illūminātiō, illūminātiōnis, f: light
illūstrātiō, illūstrātiōnis, f: vivid representation; filmstrip
imāgō, imāginis, f: image, statue, picture (22)
imber, imbris, m: rainstorm
imitātiō, imitātiōnis, f: imitation (10)
immittō, immittere, immīsī, immissus: let in
immō (sentence connector): no, not at all
immodicus-a-um: uncontrolled
immortālis-e: immortal (24)
impediō, impedīre, impedīvī, impedītus: hinder
impellō, impellere, impulī, impulsus: impel
imperātor, imperātōris, m: general, emperor, ruler
imperium-ī, n: command, empire, power
imperō (1): be master, govern, command, order (with dat of
     person to whom order is given) (21)
impetus-ūs, m: attack
impiger, impigra, impigrum: eager
impius-a-um: wicked
implicō (1): get stuck
impluvium-ī, n: pool in atrium to catch rainwater
impōnō, impōnere, imposuī, impositus: put upon (21); cheat
impossibilis-e: impossible
improbandus-a-um: disgraceful
improbitās, improbitātis, f: wickedness
improbō (1): disapprove
improbus-a-um: wicked, malicious
impūne (adv): without punishment
impūrus-a-um: unclean (13)
imus-a-um: lowest
in (prep w abl): in, on (9)
in (prep w acc): into, against
inaequālitās, inaequālitātis, f: unevenness
inanimus-a-um: lifeless
inānis-e: empty; penniless, poor, without money
incendium-ī, n: fire
inceptiō, inceptiōnis, f: beginning
incertus-a-um: unsure, uncertain, dangerous (11); in neuter pl,
     unsure things (26)

incessus-ūs, m: walk, gait
incidō, incidere, incidī: fall into
incipiō, incipere, incēpī, inceptus: begin (30)
inclīnō (1): influence
incola-ae, m&f: inhabitant
incolō, incolere, incoluī, incultus: inhabit
incommodus-a-um: inconvenient; as neuter noun, inconven-
ience
incōnstāns (adj, gen incōnstantis): fickle
incrēdibilis-e: incredible
incrēmentum-ī, n: increase
incurrō, incurrere, incurrī: run into
index, indicis, m&f: one who betrays, informer (22)
Indī, Indōrum, m: Indians, India
indicō (1): indicate (18)
indīcō, indīcere, indīxī, indictus: proclaim, announce, publish
indigēns (adj, gen indigentis): poor
indignātiō, indignātiōnis, f: indignation
indignē (adv): unworthily
indoctus-a-um: ignorant
indomitus-a-um: unmanageable
indulcō (1): make delicious
Indus-a-um: Indian
industria-ae, f: industry
ineō, inīre, iniī (irreg): enter
ineptus-a-um: incompetent
iners (adj, gen inertis): lazy
inexōrābilis-e: relentless
īnfāns, īnfantis, m&f: one who is too young to talk, baby (5)
īnfēlīx (adj, gen īnfēlīcis): unhappy, unfortunate
īnferī, īnferōrum, m: the lower world
īnferior, īnferius: lower
īnfīnītus-a-um: unlimited, endless
īnfirmitās, īnfirmitātis, f: weakness
īnfirmus-a-um: weak
īnfrā (prep w acc): beneath
ingenium-ī, n: ability, genius
ingēns (adj, gen ingentis): huge, mighty
ingenuus-a-um: free-born
ingrātus-a-um: ungrateful; as noun, ungrateful person (20)
inhaereō, inhaerēre, inhaesī, inhaesus: cling to, stick in

inhonestus-a-um: dishonorable
inimīcitia-ae, f: hostility
inimīcus-a-um: unfriendly, hostile; as noun, a personal enemy
inīquus-a-um: unequal, unfair, bad, out of proportion
initium-ī, n: beginning
injūria-ae, f: injury
injūstus-a-um: unjust (24)
innocēns (adj, gen *innocentis*): innocent; as noun, innocent
    person (19)
innocentia-ae, f: innocence
inopia-ae, f: poverty, destitution
inops (adj, gen *inopis*): poor (20); without resources
inquam (ireg and defect verb): I say (after one or more words
    of direct quotation)
inquiētus-a-um: restless
īnsānābilis-e: incurable
īnsānia-ae, f: insanity
īnsāniō, īnsānīre, īnsānīvī: be crazy
īnsānus-a-um: insane; as noun, crazy person (13)
īnsidiae-ārum, f: ambush, treachery (18)
īnsīgnis-e: distinguished
īnsipientia-ae, f: foolishness
īnsolēns (adj, gen *insolentis*): insolent
īnspiciō, īnspicere, īnspexī, īnspectus: look into
īnstabilis-e: changeable
īnstāns (adj, gen *instantis*): threatening
īnstitor, īnstitōris, m: salesman, merchant
īnstitūtum-ī, n: institution
īnstō, īnstāre, īnstitī (w complement in dat): threaten
īnstrūmentum-ī, n: instrument (22)
īnsula-ae, f: island; tenement house
īnsultō (1): insult; dance upon
integritās, integritātis, f: integrity
intellegō, intellegere, intellēxī, intellēctus: understand, perceive
intemperāns (adj, gen *intemperantis*): not capable of self-control,
    intemperate (17)
intemperantia-ae, f: intemperance (17)
inter (prep w acc): between, among (27)
interdum (substitutor): sometimes
intereō, interīre, interiī (irreg): die, perish, be lost
interficiō, interficere, interfēcī, interfectus: kill

interior, interius: inner
intersum, interesse, interfuī (irreg): be present; differ
interveniō, intervenīre, intervēnī: come between
intimus-a-um: innermost
intolerābilis-e: unbearable
intrā (prep w acc): between, within, among
intrepidus-a-um: brave
intrō (1): enter
intrōdūcō, intrōdūcere, intrōdūxī, intrōductus: introduce
intus (substitutor): inside, within something
inundātiō, inundātiōnis, f: flooding
inundō (1): flood
inūsitātus-a-um: unusual
inūtilis-e: useless
inveniō, invenīre, invēnī, inventus: find, discover (13)
inventor, inventōris, m: one who finds, discoverer (18)
invictus-a-um: unconquered
invidia-ae, f: envy
invidus-a-um: envious; as noun, envious person
invītō (1): invite
invocō (1): pray to
ipse, ipsa, ipsum (pronoun and adj used to intensify): *Vir
    ipse currit*, "The man himself is running." (This intensi-
    fication is often shown in English by voice stress, as
    "The *man* is running.") (22)
īra-ae, f: anger (17)
īrācundia-ae, f: anger
īrātus-a-um: angry; as noun, angry person (8)
īris, īridis, f: rainbow
irreparābilis-e: irretrievable
irrigō (1): irrigate, flood
irrītō (1): irritate, anger (8), incite
is, ea, id (gen, *ejus*): he, she, it; they
ita (substitutor): in this way; yes (in affirmation)
iter, itineris, n: journey, passage
iterum (substitutor): again, a second time

jaceō, jacēre, jacuī: lie; lie hidden, be buried, lie low; be low
    (in someone's opinion)
jaciō, jacere, jēcī, jactus: throw
jactō (1): throw about, show off, boast, brandish

jactūra-ae, f: loss, misfortune
jam (intensifier): shows that the situation has changed from what it was formerly; now (26)
jānua-ae, f: door
jējūnus-a-um: hungry
jocōsus-a-um: humorous, funny, full of jokes
jocus-ī, m: joke
jubeō, jubēre, jussī, jussus: order
jūcundus-a-um: pleasant, pleasing (23)
jūdex, jūdicis, m&f: judge (10)
jūdicium-ī, n: act of judging, judgment
jūdicō (1): judge, make a judgment about (19)
Jūlius-ī, m: part of the name Gaius Julius Caesar (27)
jungō, jungere, jūnxī, jūnctus: join
jūnior (adj, gen *jūniōris*): younger; as noun, younger person
Juppiter, Jovis; m: Jupiter (note English spelling); king of the gods
jūs, jūris, n: right, law, court of justice
jūstitia-ae, f: justice (23)
jūstus-a-um: just (17)
juvenēscō, juvenēscere, juvenuī: be young
juvenīlis-e: youthful
juvenis, juvenis, m&f: young person (9)
juventūs, juventūtis, f: youth
juvō, juvāre, jūvī, jūtus: help

labō (1): totter, stagger, lose one's balance
labor, labōris, m: labor, hard work, great effort (27)
labōrō (1): work, be troubled
labrum-ī, n: lip
lac, lactis, n: milk
lacerna-ae, f: cloak
lacessō, lacessere, lacessīvī, lacessītus: attack, challenge
lacrima-ae, f: teardrop, tear (14)
lacrimō (1): cry
lactūca-ae, f: lettuce
lacus-ūs, m: lake (10)
Laecānia-ae, f: in poem by Martial, girl who had white (and false) teeth (18)
laedō, laedere, laesī, laesus: hurt, harm (19)
laetificō (1): make glad, make cheerful

laetitia-ae, f: gladness
laetus-a-um: happy
laevus-a-um: on the left side; as feminine noun, left hand
lagōna-ae, f: jug for holding wine
lāna-ae, f: wool
lānātus-a-um: woolen
langueō, languēre: lie in bed sick, suffer (28)
languidus-a-um: drooping
lanius-ī, m: butcher
lapis, lapidis, m: stone
lāpsus-ūs, m: a sliding downward
laqueus-ī, m: noose, net
Lar, Laris, m: household god; pl, household, home, family
lārgē (adv): liberally, generously
lāscīvia-ae, f: playfulness
lateō, latēre, latuī: lie hidden
lātifundium-ī, n: large estate
Latīnē (adv): in Latin
Latīnus-a-um: Latin (30)
latitō (1): hide, lurk
lātrīna-ae, f: washroom, toilet
latrō, latrōnis, m: robber
lātrō (1): bark
latrunculārius-a-um: of draughts (chess, checkers)
lātus-a-um: wide
laudābilis-e: praiseworthy
laudātiō, laudātiōnis, f: act of praising (18)
laudātor, laudātōris, m: one who praises (18)
laudō (1): praise (12)
laus, laudis, f: praise (8)
lavātiō, lavātiōnis, f: act of washing (18)
lavō, lavāre, lāvī, lōtus: wash (4)
laxō (1): relax; unstring (a bow) (29)
laxus-a-um: overflowing
lēctiō, lēctiōnis, f: reading
lēctor, lēctōris, m: reader
lēgātus-ī, m: high-ranking officer in Roman army
legiō, legiōnis, f: legion (Roman army unit with theoretical
    strength of 6,000 men but practical strength of 3,600)
legō, legere, lēgī, lēctus: read
lentus-a-um: slow

leō, leōnis, m: lion (5)
leōnīnus-a-um: belonging to a lion, of a lion
lepidus-a-um: pretty, nice, clever (26)
leprōsus-a-um: suffering from leprosy
lepus, leporis, m: rabbit (28)
levis-e: light in weight, frivolous, slight, slender (16)
lēvis-e: smooth
levitās, levitātis, f: lightness, frivolity (17)
levō (1): lighten, relieve
lēx, lēgis, f: law (8)
libellus-ī, m: small book (29)
libenter (adv): willingly, gladly
liber, librī, m: book
liber, libera, liberum: free (21)
Liber, Liberī, m: Italian fertility god; wine
liberī, liberōrum, m: children
liberō (1): set free (26)
libertās, libertātis, f: liberty, freedom
libertīnus-ī, m: freedman
librārius-ī, m: copyist, scribe
Libycus-a-um: African
licēns (adj, gen *licentis*): bold, unrestrained
licet, licēre, licuit (only in third person sg): it is permitted
lignum-ī, n: piece of wood
limen, līminis, n: threshold, lintel
linea-ae, f: line (12)
lingua-ae, f: tongue (22); language (26)
linquō, linquere, līquī, lictus: leave behind
līs, lītis, f: lawsuit, quarrel (10)
lītigō (1): quarrel, have a lawsuit (18)
littera-ae, f: letter (of the alphabet); literature, education
    (especially in pl) (18)
lītus, lītoris, n: seashore, beach coast
livor, līvōris, m: envy, spite, malice
locārius-ī, m: ticket seller
locō (1): put in a place; fine; hire out
locuplēs (adj, gen *locuplētis*): rich
locuplētō (1): make rich
locus-ī, m: place, situation, position (10)
longinquus-a-um: distant
longus-a-um: long (in time or distance) (15): *amor longus,*

274

long-standing love affair (24)

loquācitās, loquācitātis, f: talkativeness

loquēns (adj, gen *loquentis*): talking

lūceō, lūcēre, lūxī: shine, give light

lūcrifaciō, lūcrifacere, lūcrifēcī, lūcrifactus: make money, make a gain

lūcrum-ī, n: gain

lūdia-ae, f: female gladiator; wife or girl friend of a gladiator

lūdō, lūdere, lūsī, lūsus: play, gamble (27)

lūdus-ī, m: game, play, school

lūmen, lūminis, n: light

lūna-ae, f: moon (26)

Lupercus-ī, m: man shaved by Eutrapelus in poem by Martial (30)

lupīnus-a-um: belonging to a wolf, of a wolf

lupus-ī, m: wolf (5)

luscus-a-um: one-eyed (30)

lūstrō (1): make bright

lūsus-ūs, m: play, game, fun

lutum-ī, n: mud

lūx, lūcis, f: light; sweetheart (28); *primā lūce*, at daybreak

macellum-ī, n: market

Machāōn, Machāonis, m: famous Greek physician

māchina-ae, f: machine

madēscō, madēscere, maduī: become moist

maeror, macrōris, m: sorrow

maestus-a-um: sad

magister, magistrī, m: teacher (24); official

magistra-ae, f: woman teacher

magistrātus-ūs, m: official, office-holding magistrate

magnificus-a-um: magnificent

magnus-a-um: large, big, great (10); neuter pl, important things (16)

major, majus: larger; *major pars*, majority

male (adv): badly, wickedly (19)

maledicus-a-um: foul-mouthed

maleficium-ī, n: evil deed

malefidus-a-um: unfaithful

malevolus-a-um: malicious, mean

malitia-ae, f: malice, evil, badness (17)

mālum-ī, n: apple
malus-a-um: evil, bad (12); as neuter noun, evil things (23)
Mamōna-ae, m (variant, *Mammōna*): Mammon, god of money
(25)
māne (indecl noun): in the morning (30)
maneō, manēre, mānsī: remain (9)
manūmissiō, manūmissiōnis, f: release (from slavery)
manūmittō, manūmittere, manūmīsī, manūmissus: set free
from slavery
manus-ūs, f: hand (4); band
mare, maris, n: sea, ocean (19)
marīnus-a-um: sea, of the sea
marītus-a-um: relating to marriage, matrimonial; as noun,
husband
marmor, marmoris, n: marble
Marōn, Marōnis, m: friend of Martial who recited poems even
when sick (24)
Mārs, Mārtis, m: god of war
Mārtius-a-um: descended from Mars; pertaining to the month
of March
martyr, martyris, m: martyr
masculīnus-a-um: male, masculine
māter, mātris, f: mother
mātrimōnium-ī, n: marriage
mātrōna-ae, f: female head of family; married woman
mātūrus-a-um: mature
mātūtīnus-a-um: pertaining to morning
mausōlēum-ī, n: tomb
maximē (adv and qualifier): mostly (22)
maximus-a-um: greatest, largest (superlative of *magnus*) (22),
very great
mē (see *egō*)
medicāmentum-ī, n: medication, medicine
medicīna-ae, f: medicine, remedy
medicus-a-um: medical; as noun, doctor (6)
mediocris-e: mediocre, neither good nor bad
medius-a-um: middle of (13)
mel, mellis, n: honey
membrum-ī, n: part of the body, limb (13)
meminī (perfective system w present meaning): remember
memor (adj, gen *memoris*): mindful

memoria-ae, f: memory (23)
mendācium-ī, n: lie, falsehood
mendāx (adj, gen *mendācis*): lying, deceitful; as noun, liar
mendīcus-a-um: beggarly; as noun, beggar
mēns, mentis, f: mind, attention (12)
mēnsa-ae, f: table
mēnsis, mēnsis, m: month
mercātor, mercātōris, m: merchant, trader
mercēs, mercēdis, f: cost, merchandise, sale, act of selling
mergō, mergere, mersī, mersus: sink (transitive)
meritus-a-um: deserved; abl *meritō*, deservedly, rightly
merus-a-um: unmixed (wine), undiluted; as neuter noun,
    undiluted wine
merx, mercis, f: merchandise
messis, messis, f: harvest
mēta-ae, f: goal
metallum-ī, n: metal
metō, metere, messuī, messus: reap
metuō, metuere, metuī: fear (6)
metus-ūs, m: fear
meus-a-um: my, mine (29)
micō (1): shine
migrō (1): migrate, move from one place to another
mīles, mīlitis, m: soldier
mīlia, mīlium, n pl: thousands
mīliēns (adv): a thousand times
mīlitāris-e: military
mīlitō (1): serve as a soldier
mīlle (indecl adj): thousand
mināx (adj, gen *minācis*): threatening
Minerva-ae, f: goddess of wisdom; Athena
minimē (adv and qualifier): not at all; least (13)
minimus-a-um: smallest, least (22)
minister, ministrī, m: servant
ministrō (1): supply
minor, minus: less, lesser (27)
minuō, minuere, minuī, minūtus: diminish
mīrābilis-e: wonderful
mīrāculum-ī, n: miracle
mirmillō, mirmillōnis, m: gladiator generally matched with
    rētiārius

mīrus-a-um: wonderful

misceō, miscēre, miscuī, mixtus: mix

miser, misera, miserum: miserable, unhappy; as noun, unhappy person (21)

miseria-ae, f: misery, unhappiness (22)

misericordia-ae, f: pity

mittō, mittere, mīsī, missus: let go, send, lose (25)

mixtūra-ae, f: mixture

mōbilis-e: moveable, changing

moderābilis-e: moderate

moderāmen, moderāminis, n: control, moderation

modicus-a-um: small, moderate

modo (qualifier): only, just, just recently

modus-ī, m: moderation, manner

mola-ae, f: mill

molestō (1): affect, annoy, trouble

molestus-a-um: troublesome

mollis-e: soft

mōmentum-ī, n: movement, moment

monachus-ī, m: monk

mōns, montis, m: mountain, mountain range

mōnstrō (1): show

mōnstrum-ī, n: monster

montānus-a-um: mountainous; as noun, mountaineer

mora-ae, f: delay

morātus-a-um: delaying

morbus-ī, m: disease

mordeō, mordēre, momordī, morsus: bite (5)

mors, mortis, f: death (20)

morsus-ūs, m: bite (10)

mortālis-e: mortal (23)

mortuus-a-um: dead (23)

mōs, mōris, m: in sg, custom; in pl, morals, way of life (17);
character

mōtus-ūs, m: motion, movement

moveō, movēre, mōvī, mōtus: move, influence (21)

mox (substitutor): in a short time, soon

mulceō, mulcēre, mulsī, mulsus: stroke, pet

mulgeō, mulgēre, mulsī, mulsus: milk

mulier, mulieris, f: woman (19)

multiplicō (1): increase

multitūdō, multitūdinis, f: crowd
multus-a-um: in sg, much; in pl, many (15); abl multō, much;
neuter acc multum, much, greatly
mundō (1): clean, heal
mundus-ī, m: world
mūnimentum-ī, n: defense, fortification
mūnus, mūneris, n: gift, gladiatorial show, pay, reward for
performing a task, task to perform
mūrus-ī, m: wall
mūs, mūris, m&f: mouse (4)
Mūsa-ae, f: Muse
musca-ae, f: fly (5)
mūsculus-ī, m: little mouse
muscus-ī, m: moss
mūsica-ae, f: music
mūtābilis-e: changeable, fickle
mūtātiō, mūtātiōnis, f: change
mūtō (1): change (24)
mūtus-a-um: silent
mūtuus-a-um: borrowed; as neuter noun, loan

nam (sentence connector): for
nāris, nāris, f: nostril
nārrātiō, nārrātiōnis, f: story
nārrō (1): tell, relate (28)
nāsus-ī, m: nose
nātālis-e: relating to birth, natal
nātiō, nātiōnis, f: nation
natō (1): swim, float
nātūra-ae, f: nature (24)
nātus-a-um: born; as noun, son
naufragium-ī, n: shipwreck
naufragus-ī, m: shipwrecked person
naumachia-ae, f: mock sea battle
nauta-ae, m: sailor
nāvigō (1): sail
nāvis, nāvis, f: ship (19); rocket ship, satellite (in modern
sense)
nāvita-ae, m: sailor
-ne (interrogator): used to ask a question when a Yes-or-No
answer is expected (8)

nē . . . quidem (negating intensifier): not even
nebula-ae, f: cloud
nec (variant of *neque*, coord conj): and not, nor (25)
necessārius-a-um: necessary; as neuter pl noun, necessities
necessitās, necessitātis, f: necessity, necessary evils (25)
necō (1): kill, slay (10)
nectar, nectaris, n: nectar, drink of the gods
neglegō, neglegere, neglēxī, neglēctus: neglect, pay no attention
    to (16)
negō (1): deny, say that something is not so (28)
negōtium-ī, n: business
nēmō, nēminis, m&f: no one, nobody (12)
nemus, nemoris, n: grove, woods
Neptūnus-ī, m: Neptune, god of the sea
neque (coord conj, variant of *nec*): and not; *nec . . . neque . . .*
    nec . . ., neither . . . nor . . . nor . . . (28)
nesciō, nescīre, nescīvī, nescītus: not know
neuter, neutra, neutrum: neither; neuter (one of three genders
    of Latin nouns) (26)
nīdus-ī, m: nest
niger, nigra, nigrum: black (18), dark-complexioned
nihil (defect noun), n: nothing
nīl (variant of *nihil*), n: nothing
nimis (indecl adj, noun, qualifier, and adv): too, too much (20)
nimius-a-um: too much (28)
nisī (subord conj): if not, unless, except (25)
niteō, nitēre, nituī: glitter, shine
nitidus-a-um: shining
niveus-a-um: white as snow (18)
nix, nivis, f: snow
nōbilis-e: known, famous, of noble birth
nōbilitās, nōbilitātis, f: nobility
nōbilitō (1): ennoble
nocēns (adj, gen *nocentis*): guilty, injurious; as noun, guilty
    person (19)
noceō, nocēre, nocuī (w complement in dat): harm
noctū (defect noun, in abl only): at night
nocturnus-a-um: belonging to the night (26)
nōlō, nōlle, nōluī (irreg): wish not to, be unwilling
nōmen, nōminis, n: name, noun (25)
nōminātīvus-a-um: nominative (22)

nōminō (1): make famous, name
nōn (negator): not (4)
nōndum (negator): not yet (24)
nōnus-a-um: ninth (19)
nōs (personal pronoun, pl of *egō*; other forms, *nōs, nōbīs, nōbīs, nostrum*): we, us (25)
nōscō, nōscere, nōvī, nōtus: get to know; in perfect, know (28)
noster, nostra, nostrum: our (19)
notō (1): brand, mark; observe
nōtus-a-um: known
novācula-ae, f: razor
novus-a-um: new, strange
nox, noctis, f: night
nūbilus-a-um: cloudy (27)
nūbō, nūbere, nūpsī, nūptus (w complement in dat): marry (used of the bride)
nūdō (1): strip
nūdulus-a-um: naked
nūdus-a-um: poor, naked
nūllus-a-um: not any, none (9)
num (interrogator, expecting a negative answer): it isn't, is it?
nūmen, nūminis, n: divine power, divinity, god
numerō (1): number, count (25)
numerus-ī, m: number (23)
nummus-ī, m: coin, piece of money
numquam (substitutor): never (5); *nōn numquam*, sometimes (23); *numquam nōn*, always
numquid (interrogator expecting a negative answer): stronger form of *num*
nunc (substitutor): now (27)
nūntiō (1): announce, report
nūntius-ī, m: messenger, message
nūper (substitutor): recently (28)
nūptiae-ārum, f: marriage, nuptials
nūtriō, nūtrīre, nūtrivī, nūtrītus: nourish
nūtrīx, nūtrīcis, f: nurse
nux, nucis, f: nut

Ō (interjection, used in addressing someone or as exclamation): O! Oh! (30)
obdūcō, obdūcere, obdūxī, obductus: cover

obeō, obīre, obiī (irreg): die
objūrgātiō, objūrgātiōnis, f: scolding
oblīviō, oblīviōnis, f: act of forgetting
oblīvium-ī, n: forgetfulness
obrēpō, obrēpere, obrēpsī: creep up, crawl
obruō, obruere, obruī, obrutus: overthrow, destroy
obscūrus-a-um: dark, indistinct
obsequium-ī, n: compliance
obsideō, obsidēre, obsēdī, obsessus: besiege, occupy
obsīdō, obsīdere, obsēdī, obsessus: besiege
obumbrātiō, obumbrātiōnis, f: act of overshadowing (18)
obumbrō (1): overshadow (12)
occāsiō, occāsiōnis, f: opportunity
occidentālis-e: western
occīdō, occīdere, occīdī, occīsus: kill
occultus-a-um: hidden, secret; as neuter noun, concealment,
    secret
occupō (1): occupy, seize
occurrō, occurrere, occurrī (w complement in dat): run into
octāvus-a-um: eighth (19)
octō (indecl adj): eight (28)
oculus-ī, m: eye (9)
ōdī (perfective tense verb with present meaning): hate (27)
odiōsus-a-um: hateful, detestable
odium-ī, n: hatred
odor, odōris, m: odor, smell (22)
offendō, offendere, offendī, offēnsus: offend
offerō, offerre, obtulī, oblātus (irreg): offer
officīna-ae, f: shop
officium-ī, n: duty
ohē (interjection): hey!
oleō, olēre, oluī: smell, give off an odor
oleum-ī, n: oil
olfaciō, olfacere, olfēcī, olfactus: smell (transitive)
ōlim (substitutor): once upon a time, someday
ōmen, ōminis, n: omen
omnīnō (qualifier): entirely, altogether
omnis-e: in sg, each, every; in pl, all (10)
onus, oneris, n: burden
opera-ae, f: work, labor
operātiō, operātiōnis, f: operation

opīniō, opīniōnis, f: opinion
oppōnō, oppōnere, opposuī, oppositus: oppose; be the opposite
    of something (22)
opprimō, opprimere, oppressī, oppressus: oppress, overwhelm
(ops), opis, f (nominative lacking): help; in pl, wealth
optimus-a-um: best
optō (1): wish for, hope for
opulentus-a-um: rich
opus, operis, n: work (12)
ōra-ae, f: shore
ōrātiō, ōrātiōnis, f: speech, talk; education (13)
ōrātor, ōrātōris, m: orator (19)
orbis, orbis, m: circle; the world, the full expression being
    orbis terrārum (10)
ōrdō, ōrdinis, m: order, rank, position in society
orientālis-e: eastern
orīgō, orīginis, f: beginning
ōrnō (1): decorate, adorn
ōrō (1): beg for, pray, ask for
os, ossis, n: bone
ōs, ōris, n: mouth; particularly in pl, face (30)
ōscitō (1): open the mouth as if to yawn, be sick (29)
ōsculō (1): kiss
ōsculum-ī, n: little mouth; kiss
ostendō, ostendere, ostendī, ostēnsus (or ostentus): prove, show,
    indicate
ostentō (1): offer
ōstium-ī, n: door
ostrea-ae, f: oyster
ōtiōsus-a-um: at leisure, free from public duties, quiet
ōtium-ī, n: leisure
ovis, ovis, f: sheep
ōvum-ī, n: egg

pābulum-ī, n: food (for animals)
paedagōgus-ī, m: guide
paene (intensifier): almost
pāenīnsula-ae, f: peninsula
pāgina-ae, f: page
palaestra-ae, f: gymnasium
palleō, pallēre, palluī: be pale (29)

pallidulus-a-um: somewhat pale
pallidus-a-um: pale
palliolum-ī, n: small cloak
pallium-ī, n: cloak, particularly the kind worn by philosophers (24)
palma-ae, f: palm of victory
palūs, palūdis, f: swamp
pandō, pandere, pandī, pānsus: open (transitive and intransitive)
pānis, pānis, m: bread
pannōsus-a-um: ragged
pār (adj, gen *paris*): equal
Parca-ae, f: Fate
parcō, parcere, pepercī (w complement in dat): spare
parcus-a-um: thrifty; little, scanty
parēns, parentis, m&f: parent
pāreō, pārēre, pāruī (w complement in dat): obey
pariēs, parietis, m: wall
pariō, parere, peperī, partus: create, produce, give birth to
parō (1): prepare (18)
pars, partis, f: part (22); *pars ōrātiōnis*, part of speech (grammar) (25)
parturiō, parturīre, parturīvī: create, bring forth
parvulus-a-um: small, tiny (19)
parvus-a-um: small, little (10)
pāscō, pāscere, pāvī, pāstus: feed, nourish (14)
pāstor, pāstōris, m: shepherd
pateō, patēre, patuī: lie open, be available
pater, patris, m: father; in pl, senators
patiēns (adj, gen *patientis*): patient, long-suffering (17)
patientia-ae, f: patience
patria-ae, f: native land, native country (20)
patrius-a-um: belonging to one's father, ancestral
patrōnus-ī, m: patron
paucī-ae-a: few
paulus-a-um: small
Paulus-ī, m: Paul; St. Paul (27)
pauper (adj, gen *pauperis*): poor; as masculine noun, poor man
pauperiēs, pauperiēī, f: poverty
paupertās, paupertātis, f: poverty, lack of riches
pavīmentum-ī, n: floor

284

pāx, pācis, f: peace
peccātum-ī, n: sin
peccō (1): make a mistake, sin, err
pectus, pectoris, n: breast
pecūnia-ae, f: money (8)
pecus, pecudis, f: one of a herd, a head (of cattle or sheep)
pellis, pellis, f: skin, animal hide
pendeō, pendēre, pependī: hang
penitus (substitutor): deep within
penna-ae, f: feather, wing
per (prep w acc): through
peragō, peragere, perēgī, perāctus: complete, accomplish
perditiō, perditiōnis, f: destruction
perdō, perdere, perdidī, perditus: lose
peregrinātor, peregrinātōris, m: traveler
peregrinus-a-um: foreign; as noun, foreigner
perennis-e: lasting
pereō, perīre, periī (irreg): die, perish (5)
perferō, perferre, pertulī, perlātus (irreg): bear
perficiō, perficere, perfēcī, perfectus: accomplish, perfect
pergō, pergere, perrēxī, perrēctus: go on uninterruptedly with,
    proceed, press on, act with energy
perīculōsus-a-um: dangerous
perīculum-ī, n (variant, peric'lum): danger, peril (12)
peristȳlium-ī, n: peristyle (a walled garden)
perītus-a-um: experienced, skilled
perjūrium-ī, n: lie, false swearing
perlegō, perlegere, perlēgī, perlēctus: read
perlūceō, perlūcēre, perlūxī: shine clearly
permaneō, permanēre, permānsī: remain
permoveō, permovēre, permōvī, permōtus: stir up, move deeply
permultus-a-um: very much
perpendō, perpendere, perpendī, perpēnsus: weigh, evaluate
perpetuus-a-um: perpetual; abl, perpetuō, always
persōna-ae, f: person; person (in grammar) (25)
perterritus-a-um: thoroughly frightened
pertineō, pertinēre, pertinuī: pertain to, lead to, mean,
    stretch, tend
perveniō, pervenīre, pervēnī: arrive, reach, arrive at
pēs, pedis, m: foot (15)
pessimus-a-um: worst (22)

pestis, pestis, f: plague, sickness, epidemic
petentia-ae, f: impetuousness
petō, petere, petīvī, petītus: seek, look for; attack (25)
petra-ae, f: rock
pexātus-a-um: having thick nap (used of clothing, napkins, blankets)
Phaethontēus-a-um: belonging to or related to Phaethon; made of poplar (since Phaethon's sisters turned into poplar trees)
philosophia-ae, f: philosophy
philosophus-ī, m: philosopher (20)
pictūra-ae, f: picture (18)
pictus-a-um: colored, painted, embroidered
pietās, pietātis, f: dutiful conduct towards family, gods, and country
piger, pigra, pigrum: lazy
pīla-ae, f: pillar
pilus-ī, m: hair
pingō, pingere, pīnxī, pictus: paint, draw, describe (22)
pirum-ī, n: pear
piscāns, piscantis, m: fisherman
piscis, piscis, m: fish
pistrīnum-ī, n: bakery, flour mill
pius-a-um: conscientious, holy
placeō, placēre, placuī (w complement in dat): please (21)
placidus-a-um: peaceful
plāga-ae, f: blow, stroke
plangō, plangere, plānxī, plānctus: strike
plānitiēs, plānitiēī, f: flat surface, plain (10)
planta-ae, f: sole (of the foot); young tree
plantō (1): plant
plānus-a-um: flat
plausus-ūs, m: applause
plēbejus-a-um: plebeian, belonging to the common people
plēbs, plēbis, f: common people
plēnus-a-um: full (15)
plērusque, plēraque, plērumque: a great part of; neuter pl, many, a good many things; *plērumque* (acc used adverbially), for the most part
plōrō (1): weep; as transitive verb, weep about (18)
plumbum-ī, n: lead

plūrālis-e: plural (23)
plūrēs, plūra: see *plūs*
plūrimus-a-um: most
plūs, plūris, n: more; in pl, adj, *plūrēs, plūra*
pluvius-a-um: pertaining to rainwater
pōculum-ī, n: cup
podium-ī, n: low foundation of Roman temple
poēma, poēmatis, n: poem
poena-ae, f: punishment (9)
poēta-ae, m: poet
pompa-ae, f: procession
pōmum-ī, n: fruit
pondus, ponderis, n: weight
pōnō, pōnere, posuī, positus: place, put (18)
pōns, pontis, m: bridge
Pontus-ī, m: Euxine or Black Sea
popīna-ae, f: restaurant, eating place
populāris-e: belonging to the common people
populus-ī, m: people
porrigō, porrigere, porrēxī, porrēctus: stretch out, extend
porta-ae, f: city gate, gate
portendō, portendere, portendī, portentus: foretell
porticus-ūs, f: covered walk (10)
portō (1): carry, bring
poscō, poscere, poposcī: demand (24)
possessiō, possessiōnis, f: possession (18)
possibilis-e: possible
possideō, possidēre, possēdī, possessus: own, possess (12)
possum, posse, potuī (irreg, compound of *sum*): can, be able (25)
post (prep w acc): behind, after
posteā (substitutor): afterwards
postis, postis, m: door post
postquam (subord conj): after
potēns (adj, gen *potentis*): powerful, able
potentia-ae, f: force, might
potestās, potestātis, f: power
pōtiō, pōtiōnis, f: drinking, drink
pōtō (1): drink
praebeō, praebēre, praebuī, praebitus: give, show, furnish, display
praeceptor, praeceptōris, m: teacher, leader

praeceptum-ī, n: advice

praecingō, praecingere, praecīnxī, praecīnctus: surround, put around oneself, gird

praecipuē (adv): especially, particularly

praeclūdō, praeclūdere, praeclūsī, praeclūsus: exclude

praecō, praecōnis, m: auctioneer

praeda-ae, f: booty, plunder

praemium-ī, n: reward

praeparō (1): prepare

praepositiō, praepositiōnis, f: preposition (27)

praesēns (adj, gen praesentis): present; present tense (23)

praesentia-ae, f: presence

praestō, praestāre, praestitī, praestitus: be superior to, be better; give, bestow, furnish

praesūmō, praesūmere, praesūmpsī, praesūmptus: presume

praeter (prep w acc): beyond, in excess of (27)

praetereō, praeterīre, praeteriī, praeteritus (irreg): pass by, go by

praeteritus-a-um: past, gone by (23)

praetor, praetōris, m: praetor (high Roman official)

praevaleō, praevalēre, praevaluī: prevail

prandium-ī, n: breakfast, lunch, light meal

prātum-ī, n: meadow

prāvē (adv): badly

prāvus-a-um: wrong, bad; deformed

premō, premere, pressī, pressus: press, pursue (8)

pretiōsus-a-um: precious

pretium-ī, n: worth, money, price

prīmus-a-um: first; in prīmis, especially; abl prīmō, at first (18)

prīnceps, prīncipis, m: leader, chief

prīncipātus-ūs, m: leadership

prīncipium-ī, n: beginning

prīstinus-a-um: former, old-fashioned

prius (substitutor): formerly, before

prīvātus-a-um: private; as noun, private citizen

prō (prep w abl): in front of; in behalf of, for, in place of, in return for; as good as (19)

probātiō, probātiōnis, f: test, examination

probitās, probitātis, f: honesty

probō (1): prove, test

probus-a-um: honest, honorable

prōcēdō, prōcēdere, prōcessī: proceed

procella-ae, f: storm
procellōsus-a-um: stormy
prōcreō (1): produce
procul (substitutor): far away
prōdest: see *prōsum*
prōdō, prōdere, prōdidī, prōditus: betray
prōdūcō, prōdūcere, prōdūxī, prōductus: produce
proclium-ī, n: battle
prōfectō (abl of defect noun): really, actually
prōferō, prōferre, prōtulī, prōlātus (irreg): bring forward
prōficiō, prōficere, prōfēcī, prōfectus: be useful, benefit
prohibeō, prohibēre, prohibuī, prohibitus: check, prevent
prōjiciō, prōjicere, prōjēcī, prōjectus: throw forth
prōlēs, prōlis, f: offspring
prōmittō, prōmittere, prōmīsī, prōmissus: promise
prōmptus-a-um: ready, apparent
prōpellō, prōpellere, prōpulī, prōpulsus: drive forward, launch
properō (1): hasten
Propertius-ī, m: name of Roman poet (28)
prōpōnō, prōpōnere, prōposuī, prōpositus: propose
prōpositum-ī, n: intention, proposal
proprius-a-um: belonging to oneself
propter (prep w acc): because of
prōra-ae, f: prow
prosperitās, prosperitātis, f: success, prosperity
prōspiciō, prōspicere, prōspexī, prōspectus: see far off, foresee
prōsternō, prōsternere, prōstrāvī, prōstrātus: throw down, over-
    throw
prōsum, prōdesse, prōfuī (irreg): be profitable
prōtegō, prōtegere, prōtēxī, prōtēctus: protect
prōtinus (substitutor): immediately, right away, straightaway
    (28)
prōveniō, prōvenīre, prōvēnī: come out of, come forth
prōvideō, prōvidēre, prōvīdī, prōvīsus: provide
prōvocō (1): challenge
proximus-a-um (patterns w dat): next to, near (21)
prūdēns (adj, gen *prūdentis*): prudent, sensible
prūdentia-ae, f: prudence
pūblicus-a-um: public; *rēs pūblica*, state, government (22)
pudicus-a-um: chaste, modest, respectable
pudor, pudōris, m: shame, modesty

puella-ae, f: girl (20)
puer, puerī, m: boy
pūgna-ae, f: battle
pūgnō (1): fight
pulcher, pulchra, pulchrum: handsome, beautiful, pretty (20)
pullus-ī, m: chicken
pulsō (1): knock, strike, kick
pulvīnar, pulvīnāris, n: seat of honor
pulvis, pulveris, m: dust; work
pūniō, pūnīre, pūnīvī, pūnītus: punish
puppis, puppis, f: stern (of a ship); ship
pūrgō (1): clean, cleanse
pūritās, pūritātis, f: cleanliness, purity (18)
purpureus-a-um: color ranging from dark red to dark violet
pūrus-a-um: clean, pure (13)
puteus-ī, m: well
putō (1): think

quadrāns, quadrantis, m: fourth part; small coin
quaerō, quaerere, quaesīvī, quaesītus: look for, seek (6),
    search for
quaesītor, quaesītōris, m: one who seeks (18)
quaestiō, quaestiōnis, f: act of seeking, question (18)
quālis-e (interrog and relative): what kind of (12)
quālitās, quālitātis, f: quality (17)
quāliter (adv): in what way? how? (14)
quam (qualifier): what? how?
quamquam (subord conj): although
quamvīs (qualifier): however
quamvīs (subord conj): although
quandō (subord conj): when (28); sī quandō, if ever
quandōque (substitutor): sometimes
quantum: see *quantus*
quantus-a-um (interrog and relative): how big (13); *quantum*
    (acc used adverbially): as much as
quārē (or *quā rē*): why? (25)
quārtus-a-um: fourth (18)
quasī (subord conj): as if
quattuor (indecl adj): four (28)
-que (coord conj): and; *-que . . . -que*, both . . . and (26)
quercus-ūs, f: oak tree (10)

questus-ūs, m: complaint

quī, quae, quod (relative and interrog pronoun): who, whose, whom (19); which (22)

quia (subord conj): because, since

quicumque, quaecumque, quodcumque (relative pronoun): whosoever, whatsoever

quid (acc neuter of *quis, quid*): why?

quidam, quaedam, quoddam (indefinite pronoun): some, a certain (29)

quidem (intensifier): anyway, at least (24), actually

quiēs, quiētis, f: quiet, rest

quiēscō, quiēscere, quiēvī: become quiet, die down (26)

quilibet, quaelibet, quodlibet (indefinite pronoun): every

quīnquāgēsimus-a-um: fiftieth

quīnquāgintā (indecl adj): fifty

quīnque (indecl adj): five (28)

Quīntīlis-e: July

quīntus-a-um: fifth (19)

quippe (intensifier): certainly

quis, quid (interrog pronoun): who? whom? what? whose? (7)

quisquam, quicquam (indefinite pronoun): anybody, anything

quisque, quaeque, quodque (indefinite pronoun): each one, every one; as adj, each (22), all

quisquis, quidquid (indefinite pronoun): whosoever, whatsoever

quīvīs, quaevīs, quodvīs (indefinite pronoun): anyone at all

quod (neuter acc of *quī, quae, quod*, used as a subord conj): because

quō locō: in what place? where? (10)

quoque (intensifier): also, too (24)

quot (interrog and relative; indecl adj): how many?, as many

quotus-a-um: in what order? (18)

radius-ī, m: spoke, ray

rādix, rādīcis, f: root

rādō, rādere, rāsī, rāsus: shave, strip off

rāmus-ī, m: branch

rāna-ae, f: frog (5)

rapidus-a-um: wild, cruel; snatching at things; rapid, rushing along

rapiō, rapere, rapuī, raptus: snatch, seize

rārus-a-um: rare; *rārō* (neuter abl), rarely

rāsus-a-um: shaven

ratiō, ratiōnis, f: reason (18), sound judgment, system (21)

ratis, ratis, f: raft

raucus-a-um: hoarse

recēdō, recēdere, recessī, recessus: go away, fall back

recēns (adj, gen *recentis*): recent, modern, new

receptāculum-ī, n: receptacle

recipiō, recipere, recēpī, receptus: recover

recitātor, recitātōris, m: reader

recitō (1): recite (24)

rēctē: correctly, right

rēctor, rēctōris, m: driver, director

rēctus-a-um: correct (29)

recūsō (1): refuse

reddō, reddere, reddidī, redditus: give back, return (20); render, make something out of something (4)

redeō, redīre, rediī (irreg): come back, go back

redūcō, redūcere, redūxī, reductus: bring back

redux (adj, gen *reducis*): brought back

referō, referre, rettulī, relātus (irreg): bring back

regimen, regiminis, n: control, government

rēgīna-ae, f: queen (13)

regiō, regiōnis, f: region, country

rēgnō (1): rule

rēgnum-ī, n: kingly power, kingdom, throne (as symbol of power, not article of furniture) (12)

regō, regere, rēxī, rēctus: rule (8); drive (horses)

rēgula-ae, f: rule

rejiciō, rejicere, rejēcī, rejēctus: repeal, reject

religiō, religiōnis, f: religion (14)

relinquō, relinquere, relīquī, relictus: leave behind, abandon

reliquus-a-um: remaining

remaneō, remanēre, remānsī: remain

remedium-ī, n: remedy

remissus-a-um: relaxed, lazy

remittō, remittere, remīsī, remissus: send back

remōtus-a-um: removed, remote

renātus-a-um: reborn, renewed

renovō (1): make new again, restore

reparō (1): repair

repellō, repellere, reppulī, repulsus: repel

repente (adv): suddenly
reperiō, reperīre, repperī, repertus: find, discover
repetitiō, repetitiōnis, f: repetition
rēpo, rēpere, rēpsī: creep, crawl
reposcō, reposcere: demand back
reprehendō, reprehendere, reprehendī, reprehēnsus: criticize
repudiō (1): divorce
repūgnō (1) (w complement in dat): fight back, fight against
requiēs, requiētis, f: rest
requiēscō, requiēscere, requiēvī: rest, be quiet
requirō, requīrere, requīsīvī, requīsītus: ask (30)
rēs, reī, f: a word with wide range of meanings, e.g. situation
      (10), money (13), thing (17), endeavors (21), affairs (24),
      custom (10), etc.; rēs pūblica, public life, the state
resistō, resistere, restitī: resist
resolvō, resolvere, resolvī, resolūtus: dissolve
respondeō, respondēre, respondī, respōnsus: answer
respōnsiō, respōnsiōnis, f: answer
respōnsum-ī, n: answer (12)
restinguō, restinguere, restīnxī, restīnctus: extinguish
restō, restāre, restitī: be left, remain
resurgō, resurgere, resurrēxī, resurrēctus: rise again
rēte, rētis, n: net
rētiārius-ī, m: gladiator who fought with net and trident
reus-ī, m: defendant
revēlō (1): reveal
revertō, revertere, revertī, reversus: return
revocō (1): call back
rēx, rēgis, m: king (20)
rhētōr, rhētoris, m: rhetorician
rīdeō, rīdēre, rīsī, rīsus: laugh, smile; (transitive) laugh at,
      make fun of (27)
rigidus-a-um: inflexible, unbending
rīsus-ūs, m: laughter, act of laughing, laugh
rīvālis, rīvālis, m: rival
rīvālitās, rīvālitātis, f: rivalry
rōdō, rōdere, rōsī, rōsus: gnaw
rogō (1): ask, pray for
Rōma-ae, f: Rome (29)
Rōmānus-a-um: Roman (26); as noun, a Roman
rōs, rōris, m: dew

rosa-ae, f: rose
rōstrum-ī, n: beak
rubeō, rubēre: grow red, blush (29)
ruīna-ae, f: collapse (as of a building), ruin, catastrophe
rūmor, rūmōris, m: rumor, gossip
rumpō, rumpere, rūpī, ruptus: break (29)
ruō, ruere, ruī, rūtus: fall, rush in haste
rursum (substitutor): again
rūs, rūris, n: countryside, country estate, farm (29)
rūsticus-a-um: rural; as noun, country person

Sabidius-ī, m: person whom Martial didn't like (25)
sacculus-ī, m: little bag
saccus-ī, m: bag, sack (10)
sacerdōs, sacerdōtis, m&f: priest
saeculum-ī, n: generation; longest span of human life (100 years)
saepe (adv): often (11)
saevitia-ae, f: cruelty
saevus-a-um: savage
sagitta-ae, f: arrow
sāl, salis, m: salt, humor
saliō, salīre, saluī: jump, leap (18)
salsus-a-um: salty, humorous
saltō (1): dance
saltus-ūs, m: leap, jump (13)
salūs, salūtis, f: safety, salvation, health
salūtāris-e: healthful, serviceable
salūtō (1): greet, wish well, visit
salvus-a-um: well, safe
sānābilis-e: curable
sānctus-a-um: holy, Saint (27)
sānō (1): cure, heal
sānus-a-um: sound, healthy, sane (13)
sapiēns (adj, gen sapientis, present participle of sapiō): wise (12); as noun, wise person (6)
sapientia-ae, f: wisdom (8)
sapiō, sapere, sapīvī: be wise (16)
sapor, sapōris, m: flavor
sat (indecl adj, noun, and qualifier; variant of satis): enough
satelles, satellitis, m&f: follower; satellite, space projectile

satiō (1): satisfy, fulfill (8)
satis (indecl adj, also noun, adv, and qualifier): enough (19)
saxum-ī, n: rock
scaenicus-a-um: of the stage
scelus, sceleris, n: crime
scēptrum-ī, n: sceptre
schola-ae, f: school
scholāris, scholāris, m: scholar
scida-ae, f: sheet of paper
scientia-ae, f: knowledge
scīlicet (intensifier): surely, certainly
scindō, scindere, scidī, scissus: cut, carve
scintilla-ae, f: spark
sciō, scīre, scīvī, scītus: know how, know
scorpiō, scorpiōnis, m: scorpion
scrība-ae, m: clerk, official, scribe
scrībō, scrībere, scrīpsī, scrīptus: write (18)
sculptūra-ae, f: carving, sculpture
scūtum-ī, n: oblong shield of Roman soldier
sē (reflexive pronoun of third person; other forms, sē, sibī, suī):
     himself, herself, itself, themselves (28)
sēcrētus-a-um: secret; abl sēcrētō, secretly
secundus-a-um: second (18); favorable
sēcūritās, sēcūritātis, f: security (25)
sēcūrus-a-um: secure, free from care (23)
secūtor, secūtōris, m: gladiator who fought against an opponent
     who had a net
sed (coord conj): but (8)
sēdātus-a-um: inactive
sedeō, sedēre, sēdī: sit
sēdēs, sēdis, f: seat, throne; place to sit, habitation
sedīle, sedīlis, n: chair, place to sit
sēditiō, sēditiōnis, f: sedition, quarrel, disagreement, insurrec-
     tion
seges, segetis, f: grain, field
semel (substitutor): once, ever
sēmen, sēminis, n: seed
sēminō (1): sow
sēmita-ae, f: path
semper (adv): always (6)
sempiternus-a-um: eternal

senātor, senātōris, m: senator
senātōrius-a-um: senatorial
senātus-ūs, m: senate
senectūs, senectūtis, f: old age
senēscō, senēscere, senuī: become old, grow old
senex (adj, gen *senis*): old; as noun, old man (20); also used
    for old woman
senior, senius: elderly; as noun, old man, elderly person
sententia-ae, f: opinion, view; saying, quotation; sentence (22)
sentiō, sentīre, sēnsī, sēnsus: sense, feel, be conscious of (23),
    realize
septem (indecl adj): seven (28)
septimus-a-um: seventh (19)
sepulcrum-ī, n: grave, tomb
sepultūra-ae, f: burial
sera-ae, f: bolt of a door
serēnitās, serēnitātis, f: serenity
serēnus-a-um: clear, sunny (25)
sērius-a-um: serious
sermō, sermōnis, m: talk, speech, word
serō, serere, sēvī, satus: sow
serta-ae, f: wreath
serta-ōrum, n: garlands
sērus-a-um: late (20)
serva-ae, f: female slave
servīlis-e: servile, slavish
serviō, servīre, servīvī, servītus (w complement in dat): serve,
    be a slave to (21)
servitūdō, servitūdinis, f: slavery
servitūs, servitūtis, f: slavery, servitude
servō (1): save, preserve (27)
servus-ī, m: slave (22)
seu (subord conj; variant, *sive*): or, if, whether
sevēritās, sevēritātis, f: sternness, strictness
sevērus-a-um: cruel
sex (indecl adj): six
Sextīlis-e: of or belonging to the sixth month of the old Roman
    year, now August
sextus-a-um: sixth (19)
sī (subord conj): if (30)
sīc (substitutor and qualifier): thus, so, in this way (27)

siccus-a-um: dry; temperate in use of wine (27)
Siculus-a-um: Sicilian
sīcut (subord conj): just as, just like
Sidōn, Sidōnis, f: city of Phoenicia; scarlet ("purple") dye
sīdus, sīderis, n: star (27)
sīgnificō (1): mean (24)
signō (1): mean (28); sign, seal
sīgnum ī, ni sign (24)
sileō, silēre, siluī: be silent
silva-ae, f: woods
sīmia-ae, f: monkey (5)
similis-e (w dat): like, similar to (20)
simul (substitutor): at the same time, simultaneously; *simul
ut*, as soon as
simulō (1): pretend
sine (prep w abl): without (9)
singulāris-e: single; singular (number, in grammar) (24)
singulus-a-um: one by one
sinus-ūs, m: curve, fold; fold in toga where Romans carried
small objects, like our pockets (29)
sistō, sistere, stitī, status: stand (transitive and intransitive)
sitiō, sitīre, sitīvī: be thirsty
sitis, sitis, f: thirst
situla-ae, f: bucket
situs-a-um: situated
situs-ūs, m: site, location
sīvc (subord conj, variant *seu*): or, if, whether
sobrius-a-um: sober, temperate in use of wine (27)
societās, societātis, f: society
socius-a-um: allied; as noun, associate, companion, ally
sodālis, sodālis, m&f: associate, friend
sōl, sōlis, m: sun
soleō, solēre, solitus: be in the habit of, be accustomed to
sōlitārius-a-um: solitary
sōlitūdō, sōlitūdinis, f: wilderness, desert
sollicitō (1): provoke, stir up, incite
solum-ī, n: soil, country
sōlus-a-um: alone (19)
solvō, solvere, solvī, solūtus: loosen, untie, dissolve, destroy,
absolve
somniō (1): dream

somnium-ī, n: dream
somnus-ī, m: sleep, dream (20)
sonitus-ūs, m: sound
sonō, sonāre, sonuī, sonitus: ring, sound, clang, shout
sophōs (Greek adv): well done!
sopor, sopōris, m: sleep
sordidus-a-um: dirty
soror, sorōris, f: sister
sors, sortis, f: luck, fortune; principal (of sum of money)
spargō, spargere, sparsī, sparsus: scatter, sow, spread
spatiōsus-a-um: large (10)
spatium-ī, n: distance
speciēs, speciēī, f: sight, appearance
spectāculum-ī, n: spectacle
spectātor, spectātōris, m: spectator
spectō (1): look at
speculātor, speculātōris, m: scout, observer
speculum-ī, n: mirror
spernō, spernere, sprēvī, sprētus: scorn
spērō (1): hope, hope for
spēs, speī, f: hope; promise (13)
spīna-ae, f: thorn, thorn bush; wall in middle of race course
spīritus-ūs, m: spirit
spīrō (1): breathe
splendeō, splendēre: shine
splendor, splendōris, m: brightness
spoliō (1): rob
spondeō, spondēre, spopondī, spōnsus: betroth someone to
    someone
spōnsus-ī, m: fiancé
squālidus-a-um: squalid, dirty, lowly
stabilis-e: stable
stabulum-ī, n: stable
statim (substitutor): immediately
statua-ae, f: statue
status-ūs, m: position
stēlla-ae, f: star
sterilis-e: sterile
stilus-ī, m: style (of writing or speaking); pencil
stirps, stirpis, f: root, source, origin
stō, stāre, stetī, status: stand, stand over (9)

strāgulum-ī, n: bed cover
strēnuus-a-um: brisk, active, energetic
stringō, stringere, strīnxī, strictus: draw (a sword)
struō, struere, strūxī, strūctus: build, arrange, prepare
studeō, studēre, studuī: be eager for, study
studium-ī, n: study, desire
stultitia-ae, f: folly, stupidity (17)
stultus-a-um: foolish (12), stupid; as noun, stupid person (12)
stupefaciō, stupefacere, stupefēcī, stupefactus: astonish
stupeō, stupēre, stupuī: stand without moving, look stupid,
    be astonished (29)
stylobata-ae, f: pedestal of a row of columns
stylus: see *stilus*
suādeō, suādēre, suāsī, suāsus: recommend, advise
suāvis-e: pleasant, delicious, sweet
sub (prep w abl and acc): under; in a subordinate position (10);
    down in
subeō, subīre, subiī(irreg): come up from under; grow; under-
    go, suffer (30)
subitus-a-um: sudden; neuter abl, *subitō*, suddenly (24)
subjiciō, subjicere, subjēcī, subjectus: put under
sublimis-e: lofty
submergō, submergere, submersī, submersus: sink (transitive)
subsum, subesse (irreg): support
subterrāneus-a-um: subterranean
subveniō, subvenīre, subvēnī: come to help
succēdo, succēdere, successī: follow after, succeed
successus-ūs, m: success (30)
succurrō, succurrere, succurrī (w complement in dat): run up
    to, run to help, occur to
sūcinus-a-um: made of amber
sūdor, sūdōris, m: sweat, perspiration
sufferō, suffere, sustulī, sublātus (irreg): take away
sufficiō, sufficere, suffēcī, suffectus: be sufficient
suffrāgium-ī, n: right to vote, franchise
sum, esse, fuī (irreg): be, exist (5); be (something)
summus-a-um: highest, last
sūmō, sūmere, sūmpsī, sūmptus: take
sūmptuōsus-a-um: luxurious
sūmptus-ūs, m: expense
super (prep w acc): over, above

superbia-ae, f: haughtiness
superbus-a-um: haughty, proud
superfluus-a-um: superfluous, unnecessary
superī-ōrum, m: the gods, those above
superior, superius: higher, upper, previous, last, superior, stronger
superō (1): overcome
superstitiō, superstitiōnis, f: superstition (14)
supersum, superesse, superfuī (irreg): be left
supplex (adj, gen *supplicis*): on one's knees, humble, beseeching
supplicō (1) (w complement in dat): entreat, beg
suppositīcius-ī, m: substitute gladiator
supprimō, supprimere, suppressī, suppressus: suppress, conceal
suprā (prep w acc): over, above
suprā (substitutor): on top of, across
suprēmus-a-um: highest, supreme
surculus-ī, m: shoot, sprout
surdus-a-um: deaf
surgō, surgere, surrēxī, surrēctus: rise
surripiō, surripere, surripuī, surreptus: take away
sūs, suis, m&f: pig (20)
suscipiō, suscipere, suscēpī, susceptus: accept, receive, take up
sustineō, sustinēre, sustinuī, sustentus: hold up, support, sustain
suus-a-um: one's own; his own, her own, its own, their own (17)
Symmachus-ī, m: doctor who visited Martial with all his students (28)

tabellārius-ī, m: mailman, courier
taberna-ae, f: small house, shop, shed
tablīnum-ī, n: room in Roman house where master read, entertained, etc.
tabula-ae, f: board, map
taceō, tacēre, tacuī, tacitus: be silent (24)
taciturnitās, taciturnitātis, f: silence
tacitus-a-um: silent
tālis-e: such
tam (qualifier): so (30); *tam . . . quam*, as much as
tamen (sentence connector): but, however
tamquam (subord conj): as if
tandem (sentence connector): finally, at length (of time)

300

tangō, tangere, tetigī, tāctus: touch (28)
tantus-a-um: this big (pointing to something), this much, so
    great, such; neuter, *tantum*, only (25)
tarditūdō, tarditūdinis, f: slowness
tardus-a-um: late
taurus-ī, m: bull (5)
tē: see *tū*
tēctus-a-um: covered; as neuter noun, roof, house
tegō, tegere, tēxī, tēctus: cover
tellūs, tellūris, f: land
tēlum-ī, n: weapon
temerārius-a-um: rash, thoughtless, inconsiderate
temere (adv): rashly
temeritās, temeritātis, f: rashness
temnō, temnere, tempsī, temptus: despise
temperantia-ae, f: moderation
temperō (1): regulate, arrange
tempestās, tempestātis, f: storm
templum-ī, n: temple
temptātiō, temptātiōnis, f: temptation
temptō (1): try, attempt
tempus, temporis, n: time (26); grammatical tense (27); span
tendō, tendere, tetendī, tēnsus: stretch, spread (29)
tenebrae-ārum, f: darkness, shadows
teneō, tenēre, tenuī: hold, hold fast (10)
tenuis-e: slight, small, narrow, slender
ter (adv): three times
tergum-ī, n: back
terminō (1): end, put an end to
terō, terere, trīvī, trītus: wear out, rub away, wear away
terra-ae, f: earth, land, region; *orbis terrārum*, the world (23)
terrēnus-a-um: terrestrial, pertaining to earth
terreō, terrēre, terruī, territus: scare, terrify
terricola-ae, m: earth dweller
tertius-a-um: third (18)
testis, testis, m&f: witness
Thāis, Thāidis, f: name of two Greek girls in Martial poems;
    one had black teeth, the other was one-eyed (18)
Thalia-ae, f: Muse of comedy
theātrum-ī, n: theatre
thēsaurus-ī, m: treasure

Tibur, Tiburis, n: Tivoli, a town close to Rome noted for its waterfalls (29)
Tiburtinus-a-um: belonging to Tivoli (29)
timendus-a-um: fearsome
timeō, timēre, timuī: fear; fear for (w dat) (20)
timidus-a-um: timid
timor, timōris, m: fear, dread (27)
tingō, tingere, tinxī, tinctus: dye; get wet
titulus-ī, m: inscription, label
Titus-ī, m: friend of Martial (19)
togātus-a-um: wearing a toga
tolerō (1): endure
tollō, tollere, sustulī, sublātus: lift up, remove
tōnsor, tōnsōris, m: barber (30)
tōnsus-a-um: with one's hair cut, shorn
torus-ī, m: mattress; bolster or pad used on dining couch
tot (indecl adj): so many
totidem (indecl adj): as many, the same number
tōtus-a-um: all, whole, total (22)
tractō (1): handle, treat
trādō, trādere, trādidī, trāditus: relate
tragoedia-ae, f: tragedy
trahō, trahere, trāxī, tractus: drag, draw (16)
tranquillus-a-um: quiet
trāns (prep w acc): across (27)
trānseō, trānsīre, trānsiī (irreg): go over, pass by, go by; spend (time)
trānsferō, trānsferre, trānstulī, trānslātus: transfer
trānsmittō, trānsmittere, trānsmīsī, trānsmissus: pass over, send across
tremor, tremōris, m: trembling
trēs, tria: three (26)
tribūnus-ī, m: tribune, a representative of the common people
tribuō, tribuere, tribuī, tribūtus: give, pay tribute
tridēns, tridentis, m: trident
trigintā (indecl adj): thirty
trīstis-e: sad (26)
trītus-a-um: worn
triumphālis-e: triumphal
triumphō (1): celebrate a triumph
triumphus-ī, m: triumph

triumvirātus-ūs, m: triumvirate

trūdō, trūdere, trūsī, trūsus: push hard

tū (personal pronoun, other forms *tē, tē, tibi, tui*): you (sg) (24)

tum (substitutor): then

tumultus-ūs, m: insurrection, rebellion

tumulus-ī, m: tomb

tunc (substitutor): then

turba-ae, f: crowd

turbō, turbinis, m: whirlwind

turpis-e: disgraceful

turris, turris, f: tower

tussis, tussis, f: cough

tūtus-a-um: safe

tuus-a-um: your (referring to something belonging to one person) (29)

tyrannicē (adv): tyrannically

tyrannus-ī, m: tyrant

ubī (substitutor): where, when; also interrogative, where?

ubīcumque (substitutor): wherever, wheresoever

ubīque (substitutor): everywhere

ūllus-a-um (pronoun): any

ulmus-ī, f: elm tree; switch made of elm

ultimus-a-um: last

ultrā (substitutor): beyond, farther

umbilicus-ī, m: navel; end of rods on which books were rolled

umbra-ae, f: shade, shadow (7)

umbrō (1): shade, cover

umerus-ī, m: upper arm or shoulder

umquam (substitutor): ever

ūnā: together

unda-ae, f: wave, stream, river

ūndecim (indecl adj): eleven

unguentum-ī, n: ointment

unguis, unguis, m: claw

unguō, unguere, ūnxī, ūnctus: rub with oil

ūnicus-a-um: only

ūniversus-a-um: all

ūnus-a-um: one, single, unique (7)

urbs, urbis, f: city (27)

urna-ae, f: pot, jar

ūrō, ūrere, ussī, ustus: burn, sear
ursus-ī, m: bear
urtīca-ae, f: nettle (stinging)
ūsque (substitutor): all the way
ūsūra-ae, f: interest (on capital)
ūsus-ūs, m: right to use, opportunity
ut (subord conj): as, when
uter, utra, utrum (interrog pronoun and adj): which of two?
  (17)
ūtilis-e: useful (29)
ūtilitās, ūtilitātis, f: usefulness
utrum (interrogator): whether
uxor, uxōris, f: wife

vacca-ae, f: cow
vacō (1): be at leisure
vacuus-a-um: empty, open
vagulus-a-um: wandering
valdē (qualifier): greatly, very much
valeō, valēre, valuī: be strong; valē (imperative), goodbye,
  keep your health
vallēs, vallis, f: valley
vānēscō, vanēscere: vanish
vānitās, vānitātis, f: vanity (17)
vānus-a-um: useless (17)
vapor, vapōris, m: smoke
variō (1): change
varius-a-um: different, changeable, changing
vās, vāsis, n: vase
vāstō (1): destroy, ruin
vehementer (adv): vigorously
vehiculum-ī, n: carriage
vehō, vehere, vēxī, vectus: carry; in passive, ride, sail
vel(coord conj): or (18)
vel (intensifier): even
vēlārium-ī, n: awning
vēles, vēlitis, m: lightly armed soldier
vēlōcitās, vēlōcitātis, f: speed
velut (subord conj; variant, veluti): just as
vēnātor, vēnātōris, m: hunter
vendō, vendere, vendidī, venditus: sell (29)

venēnum-ī, n: poison (13)
vēneō, vēnīre, vēniī: be sold, be for sale
Venetus-a-um: Venetian, pertaining to Venice
veniō, venīre, vēnī: come (27)
venter, ventris, m: stomach
ventus-ī, m: wind
Venus, Veneris, f: Venus, goddess of love
venustus-a-um: beautiful, charming
vēr, vēris, n: spring
vērāx (adj, gen vērācis): truthful
verber, verberis, n: a blow
verbum-ī, n: verb (25); talk; verba dare, deceive
vēritās, vēritātis, f: truth (4)
vernus-a-um: spring, belonging to springtime
versus-ūs, m: verse, poetry
vertō, vertere, vertī, versus: turn
vērus-a-um: true, real; as neuter noun, truth (28); abl vērō,
    truly, in fact, certainly, in truth
vesper, vesperis, m: evening
vespillō, vespillōnis, m: undertaker (28)
vester, vestra, vestrum: your (referring to something belonging
    to more than one person) (27)
vestīmentum-ī, n: clothes
vestiō, vestīre, vestīvī, vestītus: clothe
vestis, vestis, f: clothing (4)
vetitus-a-um: forbidden
vetulus-a-um: old
vetus (adj, gen veteris): old
vetustās, vetustātis, f: antiquity
vexō (1): annoy
via-ae, f: way, road, path, street; journey (28)
viātor, viātōris, m: traveler
vīcīnus-a-um (patterns w dat): neighboring, near to
(vicis), vicis (nominative lacking), f: change; in vicem, in turn
victima-ae, f: victim
victor, victōris, m: victor (26)
victōria-ae, f: victory
vīcus-ī, m: village, section of a city
videō, vidēre, vidī, vīsus: see (5); passive, seem (20)
vigil, vigilis, m: watchman, policeman
vigilō (1): stay awake, be alert

305

vīgintī (indecl adj): twenty
vilēscō, vilēscere: cheapen, become worthless
vīlis-e: cheap
vīlla-ae, f: villa, country home
vīllicus-ī, m: foreman
vincō, vincere, vīcī, victus: conquer (10)
vinculum-ī, n: chain, bond
vindicō (1): avenge
vīnum-ī, n: wine (12)
violō (1): violate (14)
vīpera-ae, f: viper, snake (5)
vir, virī, m: man (4), male, male animal, hero, husband
virēsco, virēscere: increase in strength
virga-ae, f: twig, rod, switch, wand
virgō, virginis, f: maiden
virtūs, virtūtis, f: virtue; manly courage (17)
vīs (irreg, gen not used), f: force, violence; *virēs*, strength
vīsō, vīsere, vīsī, vīsus: visit
vīsus-ūs, m: sight
vīta-ae, f: life (8)
vitiōsus-a-um: bad
vītis, vītis, f: vine
vitium-ī, n: a fault (slight or serious); vice, crime; mistake (12)
vītō (1): avoid, shun
vitreus-a-um: made of glass
vitulus-ī, m: calf
vīvificō (1): give life
vīvō, vīvere, vīxī: be alive, live (30)
vīvus-a-um: alive, living (23)
vix (qualifier): hardly, scarcely
vocō (1): call, summon
volēns (adj, gen *volentis*; participle of *velle*): willing (16)
volō (1): fly
volō, velle, voluī: wish, want, like (8)
volucer, volucris, volucre: having wings; as noun, bird
volūmen, volūminis, n: roll, book
voluntās, voluntātis, f: wish, desire (29)
voluptās, voluptātis, f: pleasure, desire
volvō, volvere, volvī, volūtus: roll; in passive, revolve
vōmer, vōmeris, m: ploughshare
vōs (personal pronoun, pl of *tū*; other forms, *vōs, vōbis,*

vōbis, vestrum): you (pl) (25)
vōx, vōcis, f: voice (18); word (22)
vulgāris-e: common
vulgus-ī, n: (unusual in having -*s* rather than -*m* in nom-acc sg):
    people, crowd; abl, *vulgō*, generally
vulnerō (1): wound
vulnus, vulneris, n: a wound
vulpēcula-ae, f: smart little fox
vulpēs, vulpis, f: fox (5)
vult: see *velle*
vultus-ūs, m: face, expression on the face (22)

Zōilus-ī, m: imaginary person frequently singled out for attack
    in Martial's poems
zōna-ae, f: belt

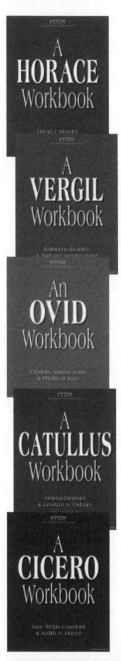

The *Latin Literature Workbook Series* has been designed to reinforce a set of viable approaches to reading classical authors in the original.

These varying approaches appear as a set of exercises that enables the student to quickly reach a higher degree of comprehension when reading at sight or on prepared passages. These approaches include:

- Short analysis questions
- Translation passages
- Short and long essay questions on literary interpretation
- Lines for scansion
- Short answer questions and multiple choice questions on
  - grammatical underpinnings of the passage
  - figures of speech and rhetorical devices
  - identification of characters, events, places, historical and mythical allusions

A HORACE WORKBOOK
David Murphy & Ronnie Ancona
Student Text: xii + 204 pp. (2005) 8½" x 11" Paperback, ISBN 978-0-86516-**574-8**; *Teacher's Manual:* xvi + 274 pp. (2006) 6" x 9" Paperback, ISBN 978-0-86516-**649-3**

A VERGIL WORKBOOK
Katherine Bradley & Barbara Weiden Boyd
Student Text: x + 262 pp. (2006) 8½" x 11" Paperback, ISBN 978-0-86516-**614-1**; *Teacher's Manual:* (2007) 6" x 9" Paperback, ISBN 978-0-86516-**651-6**

AN OVID WORKBOOK
Charbra Adams Jestin & Phyllis B. Katz
Student Text: x + 160 pp. (2006) 8½" x 11" Paperback, ISBN 978-0-86516-**625-7**; *Teacher Manual:* (2007) 6" x 9" Paperback, ISBN 978-0-86516-**626-4**

A CATULLUS WORKBOOK
Helena Dettmer & LeaAnn A. Osburn
Student Text: xi + 243 pp. (2006) 8½" x 11" Paperback, ISBN 978-0-86516-**623-3**; *Teacher Manual:* (2007) 6" x 9" Paperback, ISBN 978-0-86516-**624-0**

A CICERO WORKBOOK
Jane Webb Crawford & Judith A. Hayes
Student Text: x + 238 pp. (2006) 8½" x 11" Paperback, ISBN 978-0-86516-**643-1**; *Teacher Manual:* (2007) 6" x 9" Paperback, ISBN 978-0-86516-**626-4**

www.BOLCHAZY.com • www.ARTESLATINAE.com

Additional Workbooks

Looking at Latin
A Grammar for Pre-College

Anna Andresian
viii + 280 pp (2006) Paperback, ISBN 978-0-86516-**615-8**

A complete grammar book for all levels of pre-college Latin. The small text boxes found on every page allow students to use a step-by-step approach to learning a grammatical or syntactical topic. The text boxes are accompanied by examples for nearly every detail. The use of color and arrows shows students how the examples relate to the explanation in the text box. Abundant, colorful illustrations that relate to the examples add personality and humor and set this primer apart from traditional Latin grammar books.

"This is possibly the most user-friendly Latin grammar ever published."

Sharon Kazmierski, *Classical Outlook*

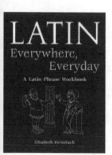

Latin Everywhere, Everyday
A Latin Phrase Workbook

Elizabeth Heimbach
CD by James W. Chochola
Student Text: viii + 152 pp (2004)
Paperback, ISBN 0-86516-**572-4**
Teacher's Manual w/CD: iv + 164 pp (2005)
Paperback, ISBN 0-86516-**589-2**

This workbook of Latin phrases and mottoes is filled with exercises, projects, and games designed for students in grades 7–10. There are 3 parts: *sententiae* or Latin phrases, abbreviations, and mottoes. Section 1 contains 180 Latin phrases, 1 for each day of the school year. There are 5 phrases on each page so that students can see a whole week's work at once. A variety of exercises helps students master content. Section 2 reviews the 29 Latin abbreviations that were introduced in Section 1. Section 3 contains Latin mottoes of states, schools, colleges, and organizations. All sections are filled with derivatives, information, facts, and exercises.

This **teacher's manual** contains the answers to all the exercises in the student workbook along with additional exercises and answers for those who have studied Latin. Some additional games and projects are also included and the accompanying **CD** offers a **Latin pronunciation** of each phrase, motto, and abbreviation.

Learning can be fun!

Vergil for Beginners:
A Dual Approach to Early Vergil Study
Rose Williams
James Hillyer Estes, illustrator
96 pp (2006) Paperback, ISBN 978-0-86516-**628-8**

Five Latin selections from Vergil's *Aeneid* are included along with vocabulary and grammar notes. Separate sections on grammar are in the book in order to aid the beginning Latin student with readings from the *Aeneid*.

Labors of Aeneas:
What a Pain It Was to Found the Roman Race!
Rose Williams
vi + 108 pp (2003) Paperback, ISBN 978-0-86516-**556-4**

This book retells the story of the *Aeneid* in a light-hearted and understandable manner with humorous insights and asides. This volume makes Books I-XII of Vergil's *Aeneid* enjoyable and easy to follow and may be used in conjunction with the Latin text of Vergil's *Aeneid*.

Cicero the Patriot
Rose Williams
Student Text: 96 pp (2004) Paperback, ISBN 978-0-86516-**587-4**
Teacher's Manual: 80 pp (2004) Paperback, ISBN 978-0-86516-**588-5**

Light-hearted in tone but faithful to the facts, this readable volume interweaves the story of Cicero's private life with his public life and his literary output. Commentary on Cicero's speeches, letters, and philosophical writings highlight the events in his world that served as background for some of the most poignant, writing ever done in Latin. An extensive glossary explaining customs and practices such as *salutationes*, along with a timeline of Cicero's major works and the events of his life, make this book an invaluable resource.

Build Your English Word Power with Latin Numbers
Dr. Rudolph Masciantonio
Student Text: 32 pp (1997) Paperback, ISBN 978-0-86516-**354-6**
Teacher's Edition: 56 pp (1997) Paperback, ISBN 978-0-86516-**392-8**

This book shows linguistic and cultural values of Latin to a broad spectrum of learners. Students will enhance their vocabulary and understanding of English through a variety of word games and programmed learning frames. Field-tested with students from elementary through high school, this is an excellent resource for the study of both English and Latin.

Latin for the Young and Young at Heart

How Many Animals? Quot Animalia?
Marie Carducci Bolchazy
Mardah B.C. Weinfield, translator
Kristie Stock, illustrator
64 pp (2002) Paperback ISBN 978-0-86516-**540-3**

Children learn the Latin words and Roman numerals for numbers 1-12 and 100. They also learn the Latin words for a variety of animals, together with English derivatives.

What Will I Eat? Quid Edam?
Marie Carducci Bolchazy
Mardah B.C. Weinfield, translator
Michelle Fraczek, illustrator
64 pp (2002) Paperback ISBN 978-0-86516-**542-7**

Children learn the Latin works for their favorite foods: pizza, chicken fingers, hot dogs, and fish sticks. French fries and pancakes in a Latin beat!

Who Loves Me? Quis me amat?
Marie Carducci Bolchazy
Mardah B.C. Weinfield, translator
Michelle Fraczek, illustrator
64 pp (2003) Paperback ISBN 978-0-86516-**541-0**

Children learn Latin words for family members: mother, father, sister, brother, grandfather, grandmother, uncle, aunt, and cousin. The book begins with "Here is my picture," where the child gets to draw his image or affix a photo.

What Color Is It? Quo colore est?
Marie Carducci Bolchazy
Mardah B.C. Weinfield, translator
Michelle Fraczek, illustrator
64 pp (2003) Paperback ISBN 978-0-86516-**539-7**

Children learn the Latin words for a full range of colors: red, yellow, blue, pink, white, gray, black, purple, brown, and green. They also learn the Latin words for apple, flower, pet, food, bird, and canary. Finally they get to select a favorite color.

"I am Reading Latin" Series CD
James W. Chochola
Audio CD (2004) CD 8-29218-**00002**

Latin for ages 4–8 read in Classical Latin. This Spoken Word CD contains the complete readings of the Latin text from the *I am Reading Latin* series books: *How Many Animals? / Quot Animalia?, What Will I Eat? / Quid Edam?, Who Loves Me? / Quis me amat?, What Color is it? / Quo colore est?* Complete Latin and English translation text.

www.BOLCHAZY.com • www.ARTESLATINAE.com

Music in Latin

Carmina Popularia
Well-known Songs in Latin
Sound Inventions: Vocals by CC Couch; Arrangements and guitar by Teddy Irwin
Audio CD (2005) 8-29218-**00003**

This CD, done by professional musicians, contains 15 well-known songs in Latin. CC Couch is the vocalist and Teddy Irwin, who also plays the guitar music, created new arrangements for these favorites. The sounds of Irwin's arrangements combined with the beautiful vocals of Couch make this a unique treat.

Songs included on CD:
• Oh, Susannah • Oh, When the Saints Go Marching In • Row, Row, Row Your Boat • *Guantanamera* • Greensleeves • Swanee River (Old Folks at Home) • America the Beautiful • This Old Man • My Bonnie • What Shall We Do with the Drunken Sailor • Shenandoah • Polly Wolly Doodle • *Gaudeamus Igitur* • Old MacDonald • Auld Lang Syne

O Abies: Christmas Carols in Latin
Audio CD (2003) 8-29218-**00001**

Performed by CC Couch and Teddy Erwin
The modern musical sounds of Irwin's arrangements combined with the clear beautiful vocals of Couch, make this the perfect holiday CD for personal pleasure or classroom use. Twelve Christmas carols, six sung in Classical Latin and six sung in Ecclesiastical Latin.

Songs included on CD:
• It Came upon the Midnight Clear • God Rest You Merry Gentlemen • Jingle Bells • Deck the Halls • *O Abies, O Abies* (Oh, Christmas Tree) • We Wish You a Merry Christmas • Joy to the World • The First Noel • *Adeste Fideles* (Oh, Come All Ye Faithful) • Silent Night • Hark the Herald Angels Sing • O Little Town of Bethlehem

Latin Music through the Ages
Cynthia Kaldis
xli + 87 pp and cassette (1991, Reprint 1999)
Paperback ISBN 978-0-86516-**242-6**,
Cassette ISBN 978-0-86516-**249-5**

The text is an exploration of Latin verse and includes the Latin lyrics for all songs on the tape, with facing English translations, vocabulary, composer biographies, background on the social/historical significance of each song, and illustrations.

The **cassette** has 17 songs in Ecclesiastical Latin and features Dr. Clayton Lein of Purdue University directing the LaFayette Chamber singers.